2030年超高齢未来

「ジェロントロジー」が、日本を世界の中心にする

東京大学 高齢社会総合研究機構

東洋経済新報社

推薦文

千葉県柏市は、都心から30キロメートルの位置にあり、高度経済成長に沿って急激に人口が増加した典型的な大都市圏の郊外都市です。

現在の人口は約40万人、老年人口割合は約20％ですが、団塊の世代が高齢期に入っていくに従い今後は急速に老年人口割合が高まり、２０１５年には25％、２０３０年には32％に達するものと予測されています。

その一方で、生産年齢人口は現在の26万人から２０３０年には24万人に減少していきます。

このような急激な人口構成の変化が起これば、柏市においても、ここで提起されているような社会のパラダイムシフトが近い将来訪れることは想像に難くありません。

柏市は周辺から多くの人が集まる商業の中心となっており、多くの若者や買い物客で賑わっていますが、どの市町村も高齢化していくでしょうから、街の賑わいにも大きな変化が現れてくるかもしれません。

そうした社会変化の認識と導き方を誤れば、多くの問題が勃発して将来が暗澹たるものになる危険性があります。しかし望ましい新たな社会システムを構築していけば、幸せな未来を切り開けるものと確信しています。本書は、今がその分岐点にあることを明示しています。

柏市では、東京大学高齢社会総合研究機構と共に、本書でも紹介されている豊四季台団地における Aging in Place の実現を目指したプロジェクトを開始しました。今後は、こうした挑戦の積み重ねが大変重要になってくるものと思います。

行政に携わる方々はもちろんのこと、市民の皆様、若者、企業の方々にも、是非本書をご一読いただき、共に明るい未来を創り上げていきたいものです。

柏市長　秋山　浩保

はじめに

戦後の混乱、苦難を乗り越え、高度成長期を経て、日本は世界でも有数の「豊かな」国になりました。しかし、経済的な頂点を極め、世の中すべてが安泰に見えていた１９９１年、いわゆる「バブル崩壊」が起こり、そこからわが国は長い停滞期に入ってしまったようです。

この20年の間、わたしたちはただ手をこまぬいていたわけではありません。しかし残念ながら結果として、閉塞感が漂う社会を抜本的に変え、多くの人が新たな希望を共有できるような社会システムをつくるには至っていないのが今日の状況だといわざるをえないでしょう。

そんな中、いまから20年後の２０３０年には、団塊の世代が80歳超になり、65歳以上の高齢者が人口の3分の1を占める超高齢社会が到来します。これからの20年を、いままでの20年の繰り返しにすることなく、新しい状況に対応した新たな社会を構築できるかどうか。わたしたちはいま、その重要な転換点に立っているといえます。

ところでみなさんは、超高齢社会について、どういうイメージをおもちでしょうか。

「何となく大変そう」という感覚をおもちの方が多いようですが、では実際に何が大変ですかと問いかけると、「よくわからない」「年金がもらえなさそう」といった漠然とした答えしか返ってこないことが多いようです。

そこで、本書ではまず、「このままでは何がどう大変になるのか」をしっかりと考えてみたいと思います。このままいくと、わたしたちの社会はどうなってしまうのか、まずそれをしっかりと捉え、理解していただきたいのです。

ただ、日本の未来に絶望することが本書の目的ではありません。「何がどう大変なのか」が具体的にわかれば、「では、どうしたらいいのか」を具体的に考えることができるはずです。同じ危機感をもった同じ目的をもつ人々が力を合わせて、新しい時代にふさわしい新しい社会システムを構築すれば、わたしたちの未来はきっと明るい豊かなものになるはずです。

大変なことばかりと言うと暗い将来になってしまいますが、発想を転換して新しいパラダイムの社会をめざすことができれば、明るい未来を創造することが可能なのです。

本書では、それもぜひお伝えしたいと思います。

副題の「ジェロントロジーが、日本を世界の中心にする」という言葉に込めた本当の意味が、本書を読み進めることで少しずつわかってくる、そして、それが読んでいただいた方の将来への希望になる——そんな本になることをめざして、書きました。

これからの人生の過ごし方を考えている中高年の方はもちろん、未来社会の主役である多くの若いみなさんに、ぜひ読んでいただきたいと思います。

目次

第4章
「健康なまま長生きできる社会」をつくろう

第5章

「いきいきした街」をつくろう

超高齢社会への東京大学の挑戦③

第6章

「頼りになる仕組み」をつくろう

超高齢社会への東京大学の挑戦④

編集協力・装丁
野崎美夫
株式会社インターストラテジー

第1章

迫りくる超高齢社会の衝撃

1　２０３０年、社会のすべてが変わる

「豊かさを実感できる幸せな超高齢社会」に向かって

いまから20年後の２０３０年、高齢者が人口の約3分の1を占める超高齢社会が間違いなく訪れます。

そのとき、「豊かさを実感できる、幸せな超高齢社会」を実現することは可能でしょうか。

・誰もが日々の生活に困ることなく、豊かさを実感できる心地よい生活環境の中で、仕事や社会活動に充実感を感じ、健康と人間関係に恵まれて、高齢になっても安心して暮らせる社会
・親が要介護状態になっても、親孝行と仕事を両立できる社会
・優しい人間関係に満ち、ストレスの少ない社会
・若い人が将来に夢を抱いてがんばれる社会、子どもたちがすくすくと育つ社会

そんな社会を築いていきたいものです。

しかし、わたしたちの前には、多くの難題が立ちはだかっています。

15年後、団塊の世代が75歳以上になり、いわゆる「後期高齢者」の数がいまより倍増します。

振り返れば、日本の社会構造の変化は、常に団塊の世代の加齢によるライフスタイルの変化とともにありました。

最近では、団塊の世代がいっせいに定年退職を迎えた時期、職場における技術や知恵の継承が問題となり、彼らの退職金をターゲットとしたさまざまな商品やサービスが、ビジネスチャンスとして語られたことは記憶に新しいところです。

常に社会を変えてきた団塊の世代が「後期高齢者」になることにより、やはり大きな社会変化が起こることが予測されるのです。

一方で、14歳以下の子どもは全国でいまの3分の2に減ってしまいます。2030年には、年少人口が2000年の半分に減ってしまう市町村が多数出てくると推計されています。

いままでの社会では、子どもや若者が「主役」で、彼らにとっての明るい未来を模索し、また、彼らの存在が社会に希望を描き出していました。

しかし、これからは、多くの中高年層が活躍して暮らす、そんな社会を「明るく豊かな未来」として描く必要があります。

超高齢社会では、いまの仕組みは機能しなくなる

これから到来する超高齢社会は、たんに「高齢者が増加する時代」ではありません。

高度成長期から低成長時代への移行、バブル期からバブル崩壊後への変転と同様に、「高齢者が増加すること」をいわば契機として、社会のあちこちに急激な変化があらわれてくることが想定されるのです。

この「高齢化による社会全体の急激な変化」こそが、「超高齢社会」の課題の本質です。

すでにその兆候は、あらわれはじめています。

かつて若い世代が集まった郊外のニュータウンはいっせいに高齢化が進んできています。

老人が老人を介護する「老老介護」や認知症患者の介護者が認知症になる「認認介護」の問題は、今後、より身近なものになっていきそうです。

また、地方を中心に始まっている「シャッター商店街」や病院閉鎖などの問題は、高齢者の生活基盤を脅かすものですが、これらもいまはまだ序章にすぎません。

社会の急激な変化によって、これまで構築してきた社会の仕組みが十分に機能しなくなり、多くの人々が日常生活に困難をきたすようになる。そんな状況が強く危惧されます。

【高齢化】年齢別人口の推計

2030年には後期高齢者がいまより倍増する（5人に1人の割合に）

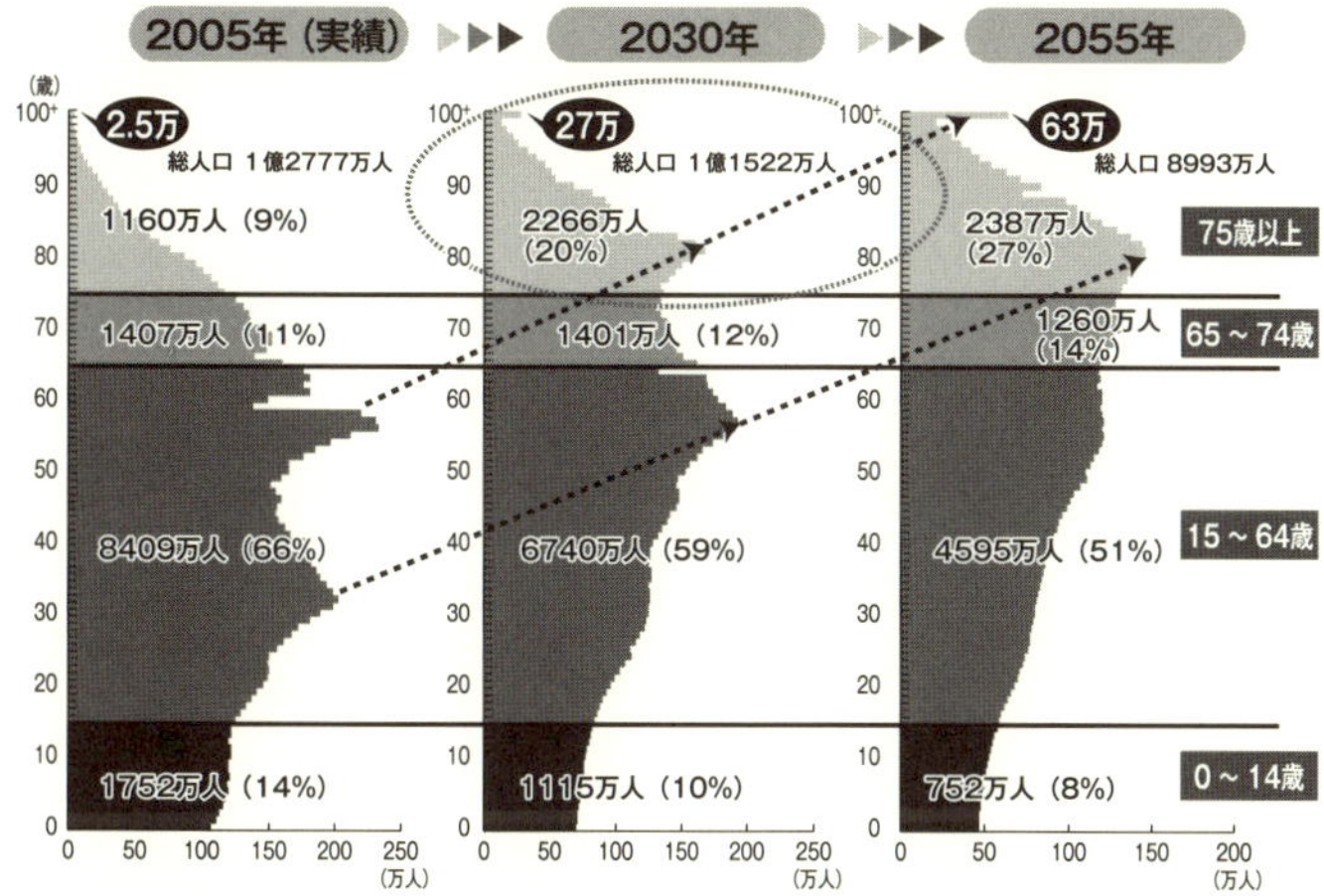

出所：2005年は総務省「国勢調査」、2030・2055年は国立社会保障・人口問題研究所「日本の将来推計人口」の出生中位・死亡中位仮定による推計結果

しかも、それらの課題は一つひとつが独立しているものではなく、さまざまな形で互いに深く関わっています。

２０３０年には、いまの20歳代は40歳代に、30歳代は50歳代になっています。

そのときに、貧弱な生活環境の中、目減りする生活費でゆとりのない日々を送るのか、幸せな超高齢社会を切り開き、豊かさを実感できる生活ができるのか。

いま、その将来のグランドデザインが問われているのです。

時間はもうない。立場や分野を超えた連携とビジョンの共有が急務

社会を改革していくためには、2030年までの20年という時間は、非常に短いものです。

かつて、高度成長期に公害問題が社会的に広く認識されてから、実際に各地で環境改善が少しずつ進みだし、安全な自然環境を取り戻すまでには、非常に長い期間を要しました。街並みなど生活環境の改善は、大変時間のかかるものです。

まして、限られた資源の中で関係各所のコンセンサスを得て、新しい社会制度を構築していくためには、十分な議論を積み重ねるための長い期間が必要になります。

いま、その20年という短い時間の中で、大きな社会変化を乗り越え「豊かさを実感できる、幸せな超高齢社会」を実現する方法を探し出すことが求められているのです。

振り返ってみれば、かつて高度成長期には「先進諸国に追いつき追い越せ」という国民の誰もが共有する、ひとつの方向感のようなものがありました。

それが、貧富の格差が比較的小さくかつ高水準の所得があり、完全とはいえないまでも世界に誇れる医療制度や介護制度をもった、いまの日本を築きました。

しかし今日、経済的にはたしかに豊かになったのに、主観的な思いとしては「経済的繁栄に見合った生活の豊かさ」を実感できていないという声が多いのは、どこかで国民が共有す

る国づくりの将来ビジョンと道しるべを間違えたからなのかもしれません。

これから先、超高齢社会の問題が大きな広がりをみせていくことは間違いありません。しかもそれらの問題は、一つひとつが独立しているものではなく、さまざまな形で互いに深く関わっています。

したがって、その解決のためには、多くの人々の思いがひとつに合わさり、立場や分野を超えた連携が新たな価値を生み出していくような流れをつくることが必要です。

多くの人の思いをひとつに……と言うことは簡単ですが、実際に最も時間がかかり混沌としてしまいがちなのは、この「思いをひとつにしていく」という過程です。

そのときによりどころとなるのは、誰もが共感できる「豊かさを実感できる、幸せな超高齢社会」の将来ビジョンです。

そして、異なる立場や分野の人々が互いにどう連携すればいいのかを見通すための道しるべが求められます。そうした道しるべを共有してさまざまな力が合わさる状況をつくらなければ、この困難は乗り越えられそうにありません。

「幸せな超高齢社会」を築くためのビジョンを国民全体が共有できれば、それ自体が「希望という名の幸せ」の増大に繋がります。

若い人はそこに将来の夢を感じ、自らが進む道を見出すかもしれません。現役世代は自らの仕事に社会的な意義を見出し、誇りをもてるでしょう。高齢者も自らの生きがいとなる新たな挑戦に取り組むことが期待できます。

問題なのは、もう時間がないにもかかわらず、その「幸せな超高齢社会」を築くためのビジョンや道しるべを、ようやく議論しはじめたばかりだということです。

将来、もし日本が危機的状況に陥るとすれば、この社会全体の急激な変化を見通せず、緊急性の高い超高齢社会への取り組みを先送りにした結果です。

いまのわたしたちに必要なのは、社会の力を集めてひとつの方向に向かうために、将来ビジョンについての掘り下げた話し合いを早急に広めることなのです。

2 超高齢社会における社会保障の姿とは

医療費など社会保障費が大幅に増大

通常、医療費は、年齢とともに上昇していきます。15歳から44歳までは平均して年10万円程度しかかからないものが、中年期以降は次第に増加していき、高齢期には年65万円以上を必要とするようになります。また、医学や医療機器の進歩に伴う医療の高度化によっても、医療費は上昇します。

わが国の医療費は、２００８年で年間34兆円、介護費用は7兆円、計41兆円です。これが２０２５年には医療費が70兆円前後、介護費用20兆円前後、計90兆円前後に増大し[※1]、年金の給付費は２００７年の年間48兆円が、２０２５年には65兆円程度[※2]に増大すると推計されています。

いまの日本の国民所得は３７０～３８０兆円です。楽観的な見通しによれば、２０２５年にはこれが５４０兆円まで増えるということですが、ただ、１９９１年以降のこの20年ほどで国民所得はほとんど増えていないという事実も直視しなければならないでしょう。

※1　平成20年9月9日開催第7回社会保障国民会議第二分科会の医療・介護費用のシミュレーションを踏まえて概数を表記

※2　社会保障の給付と負担の見通し―平成18年5月―厚生労働省

国民医療費と対国民所得比の年次推移

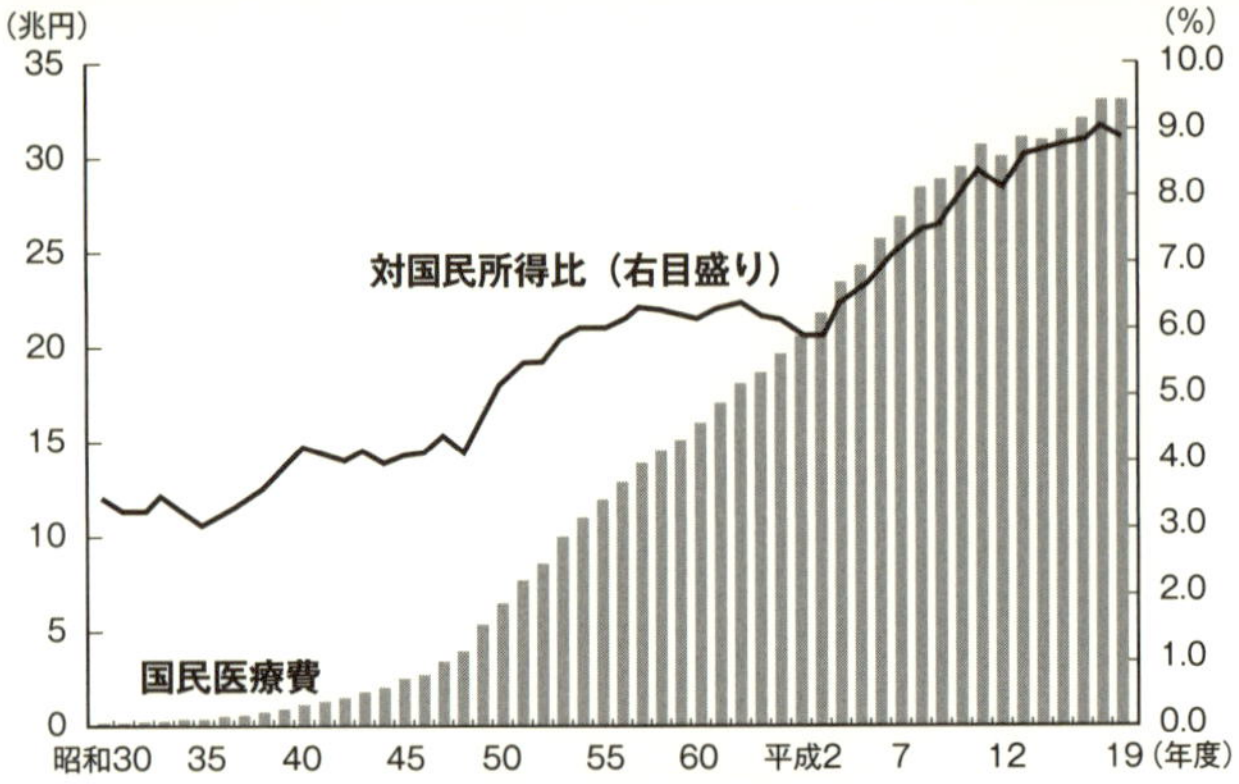

平成18年度国民医療費（千円）	
年齢階級	1人あたり医療費
0～14歳	120.9
15～44歳	95.2
45～64歳	251.9
65歳以上	659.8

現状の社会保障給付費は計90兆円程度ですが、2010年から2030年の20年間に増大する年金、医療・介護費用は、わたしたちの生活を大きく変えるレベルの額となる見込みです。

人口が減りつづける中、この国民所得がどれほど伸びるかにもよりますが、大幅に増大する社会保障費の負担は、非常に重い問題になってきます。

さらに、900兆円超の国債および地方債の償還と

国民所得の推移

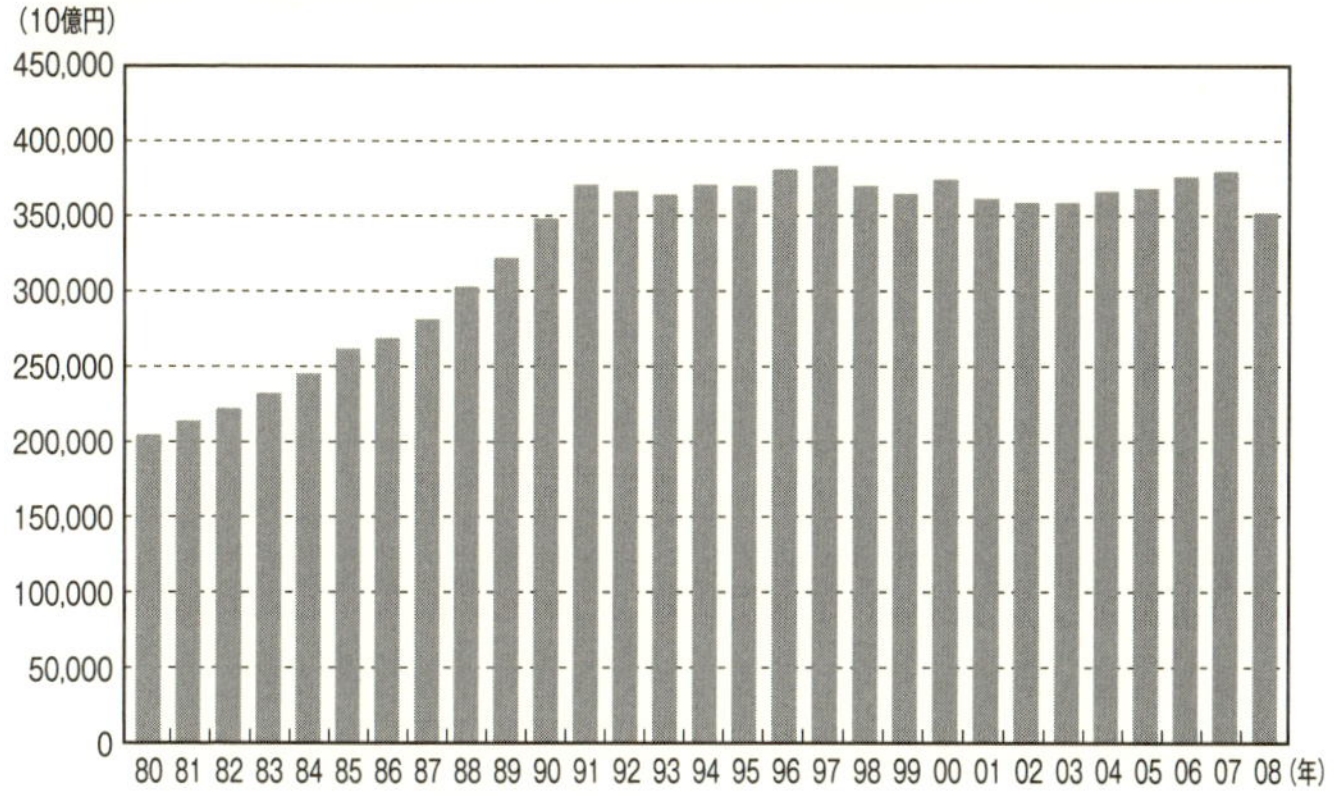

出所：内閣府「国民経済計算確報」1980（昭和55）年—2008（平成20）年
時系列表　国民所得・国民可処分所得の分配　名目（年度）より
（雇用者報酬＋財産所得（非企業部門）＋企業所得）

いう問題も残っています。

いたずらに不安だけをかき立ててはいけないので、あえて書き加えると、社会保障給付費は、年金が消費に回り、医療や介護の費用が新たな内需を生み出すこととなるなど、その拡大は日本経済にとってプラスの要素もあります。

わが国の税収は国税46兆円、地方税40兆円（平成20年度）で、そのうちの消費税は12兆円程度です。

今後の社会保障給付費の増加幅は現在の税収と比較して相当に大きな額となるため、その増加に対応して、消費税など負担の引き上げについて今後議論が必要ですが、あわせて大切なことは、これからのわたしたちのライフスタイルや社会システムを根本的に問い直し、より健康で明るい社会づくりを目指し、また、医療費や介護費用の増加を抑制していくことです。

いまの医療が抱える問題

わが国では、誰もがおしなべて高度な医療を受けられる体制が構築されてきました。国際的に見ても、効率的に高水準の医療が施されている国のひとつだと思われます。

しかし、年々医療費が増大していく中で、医療費の抑制と医療体制の維持という2つの課題が、互いに互いの足を引っ張り合うような状況になってきました。

その一方で、「コンビニ診療」と呼ばれるように、本来は高度医療を行うべき地域の中核病院に、軽い風邪の患者も多数集まり、病院勤務医が疲弊する要因になっています。

健康ブームといわれながらも、メタボ対策のための特定健診、特定保健指導の受診率は非常に低い状況です。むしろ糖尿病患者数は、年々増加しています。

そんな中で、無理に医療費を抑制して医療体制が崩れては、元も子もありません。

医療水準を落とさずに医療体制を維持するためには、国民全体の健康度を上げることで患者数が減ることにより、医療費の総額を抑制することが求められます。

健康度の向上は幸福度に直結しますから、豊かさを実感できる社会を構築していくうえで

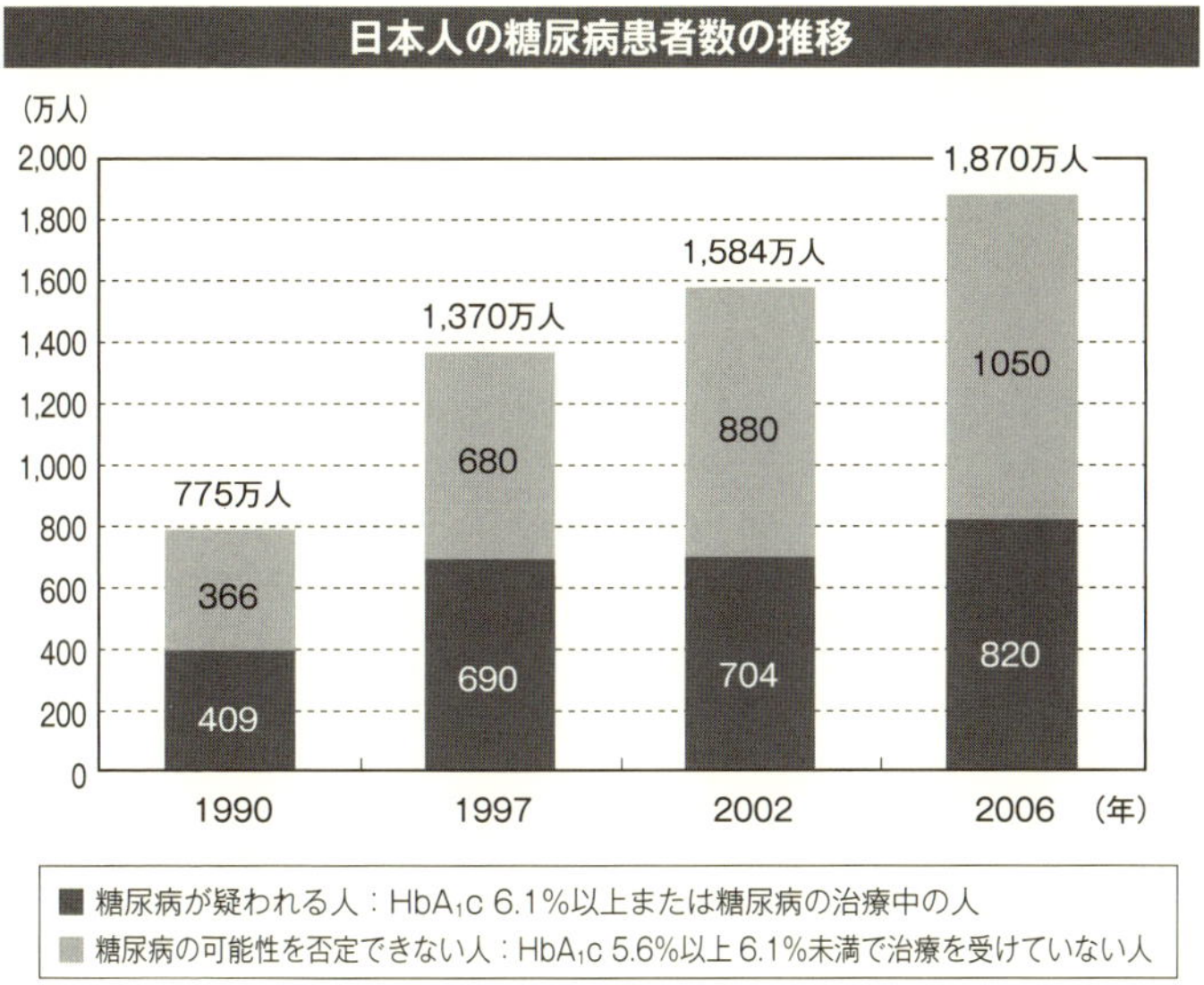

出所：厚生労働省「国民健康・栄養調査」「糖尿病実態栄養調査」

の基本でもあります。

これまでは「健康増進」は個人の課題だととらえられてきましたが、２０３０年に医療費と介護費用が、国民所得の20％前後になる（※3）ことが懸念される中では、もはや「健康」は個人的課題だとはいっていられないでしょう。

「予防医学」「健康増進」がこれからのテーマ

とはいえ、日々の健康増進というのは、結局は一人ひとりの意識の問題によるところが大きく、そううまく進むものではありません。

※3　医療費70兆円前後、介護費用20兆円前後、計90兆円前後（p19参照）を国民所得370兆円ないし540兆円で割った値17％～24％の概数として20％前後と表記した

地域住民の健康づくりに奔走する医師もいますが、あくまで医師個人の信念に委ねられており、それを支援する社会の仕組みにはなっていません。

しかし、20年後の超高齢社会に向かって、国民全体の健康度が改善するのか、あるいは悪化するのかで、たとえば1割程度の違いにより年間10兆円単位の費用の増減が生じてくる可能性があります。

5％の消費税が全体で約12兆円であることを考えれば、健康度の向上がいかに重要かということがわかります。健康度の向上は非常に重要なテーマです。

したがって、2030年に向けてわたしたちは、「病気になったら治療すればいい」というスキームから、予防に重点を置いた、健康を促すインセンティブを備えたスキームに再構成していく必要があるのです。

そのような視点であらためて社会を見まわしてみると、放置しておけば不健康な高齢者が増加しそうな環境が散見されます。

独居高齢世帯とひきこもりの問題は、そのひとつです。

東京大学高齢社会総合研究機構の秋山弘子教授の研究においても、社会的活動やコミュニケーションと健康の維持には密接な関連があることが示されています。こういう問題を放置しておけば、医療費に歯止めがかからなくなってしまうということです。

そうした社会環境、生活環境が高齢者の健康度を左右するとすれば、高齢者の健康維持の問題は、ご本人にとっての課題であるだけでなく、わたしたちの努力次第で改善可能な、社会的課題としてとらえるべきです。

将来の医療費に不安を増幅させる前に、どこまで改善可能かを検討し、対応策を練りたいものです。

生活習慣病という問題

一般に80歳を超えると、要介護・要支援者の割合は急増します。

2030年に、団塊の世代が80歳を超えてくると、要介護・要支援者が急増することは残念ながら間違いないでしょう。75歳以上の人口が倍増する中でも、より高齢者の比率が高まり、要介護者の数は倍増すると予測されています。

しかしこの点でも、要介護状態が必ずしも自然発生的な原因だけで生じるものではない、ということに着目すべきです。

中重度の要介護状態になる大きな原因のひとつは脳血管障害ですが、じつはこの脳血管障害を引き起こした遠因の多くは糖尿病や高脂血症、高血圧などの生活習慣病だといわれています。心疾患、ガン、認知症、視聴覚障害の原因が、生活習慣病である場合も少なくありま

要介護高齢者の発生率

(%)

	65～69歳	70～74歳	75～79歳	80～84歳	85歳～
寝たきり（寝たきりでかつ認知症の者を含む）	1 ½	3	5 ½	10	20 ½
要介護の認知症（寝たきりの者を除く）	0	½	1	1 ½	3 ½

出所：厚労省大臣官房統計情報部「国民生活基礎調査」「社会福祉施設等調査」等から推計「平成21年版高齢社会白書」「平成8年度厚生白書」より

せん。

したがって、要介護のもともとの原因を探ると、生活習慣病の割合が非常に大きいことに気づきます。

また骨折・転倒の割合が1割近くある点、高齢者の事故の3分の2が家庭内で起こっている点にも留意すべきです。これらは、生活環境をバリアフリー化することなどで、改善できる可能性があるのです。

要介護の比率を低下させる方法を見出すことは、ご本人にとっても社会にとっても望ましいことです。そして、解決策があり得るということをデータは示しています。

また、後期高齢期になると足腰が弱るなどいわゆる廃用症候群になって要介護となる高齢者が増えていきます。

要介護者の増加にどう対応すべきか

つまり、高齢者が食生活と運動を通して体力を向上させていくなど、介護予防が重要となります。

病院危害情報からみた家庭内事故

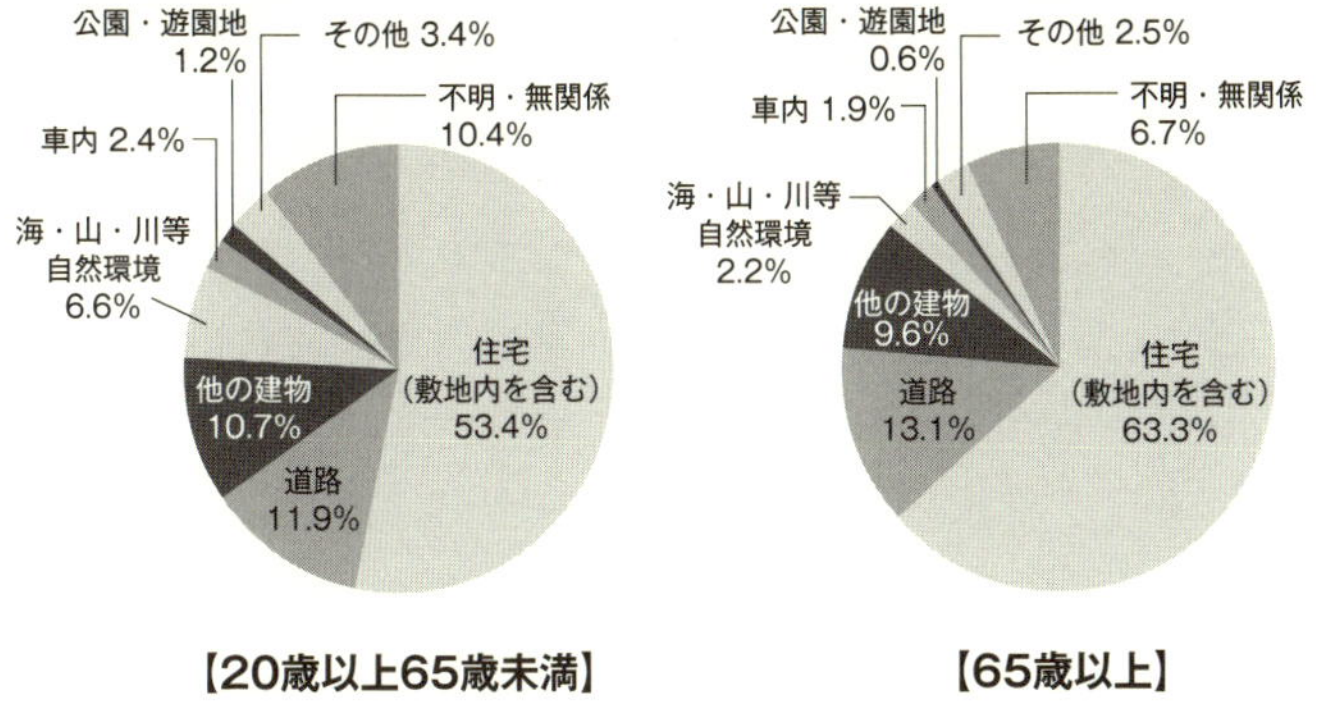

出所：平成20年9月4日 独立行政法人 国民生活センター

しかし、後期高齢期になると逆に栄養が不足しがちなので、メタボ対策に気をとられすぎてもいけません。バランスのとれた栄養価の高い食生活を実現するのも、簡単ではありません。

過度な運動は関節を痛めますし、体力が低下しているときに十分な運動量を継続的にこなすのは、実際には難しいものです。

お酒や食事の楽しみを奪っては、本末転倒になりかねません。

高齢者の体力を向上させていく生活環境については、健康教育や実践態勢などを含め、改善の余地がまだまだ大きいといえます。

また、住環境のバリアフリー化は、介護予防という観点とともに、要介護になった場合に介助作業をしやすくする、という点でも重要です。そこで普及が急がれていますが、社会全体ではまだまだ難しい構造的な問題を抱えています。

狭小宅地に建てられた住宅では、急傾斜の階段や玄関の段差が建物の構造上解消できないものも多いですし、昭和56年以前に建てられたマンションでは、洗面やお風呂などに15センチほどの段差のあるものが多く、エントランスなど共用部に段差があるものもあります。

下地が強化されていないために、あとから手摺りや入浴支援機器を付けると大工事になってしまうもの、廊下幅が狭いため、車いすでの移動が困難なものなども少なくありません。

２００４年のＷＨＯ保健レポートで公表された日本人の健康寿命（平均寿命から自立した生活ができない期間を引いた年数）は男性で72・３歳、女性で77・７歳、全体で75・０歳です。平均寿命との差は、平均８年程度あります。

健康寿命が延びて要介護期間が短くなることは、高齢者の願いでもありますが、同時に介護予防環境を改善し、たとえば重い要介護の人を減らしてこの期間を1年短くできれば、単純に計算すると２０３０年には3兆円程度の費用の差が生じる可能性があります。

逆にうまく改善できなければ、もちろん本人や家族にとっても大変ですし、医療費と介護費用を合わせた負担額も、社会にとって非常に重いものになってしまうのです。

高齢者扶養と年金の増大が若い人の負担に

1人の高齢者を、勤労世代が何人で扶養するかというサポート率は、いま急速に低下してきています。

2000年には3・58人の就業者（20〜64歳人口）で1人の高齢者を扶養していたものが、2030年には1・86人の就業者で1人の高齢者を扶養しなければならなくなると推計されています。おおむね、現在の2倍の負担がかかってくる計算です。(※4)

年金は「世代間扶養」という考え方にもとづいて設計されており、近年の大改革を経て年金制度自体は破綻することがないように設計されているものの、少子化の進行により、将来も給付水準を維持できるかといった問題は残っています。

もとより、若い世代に過大な負担を背負わせないためには、働く高齢者を増やし、年金給付費用を減らすことができれば、その方向が最も好ましいと考えられます。

本書のテーマであるこれからの新しい社会の仕組みの構築に向けて、今後多くのさまざまな仕事が生まれます。これを高齢者が自ら中心的に担っていくという姿こそが、ひとつの解決策になっていくものと期待されます。

その中には、高齢者が高齢者の生活を支援したり、そのための地域の運営事業に携わったりするものもあれば、高齢者自らが起業したり、日本で構築した超高齢社会ビジネスを世界

※4　独立行政法人高齢・障害者雇用支援機構の資料より

就業者1人当たり扶養高齢者数の推移

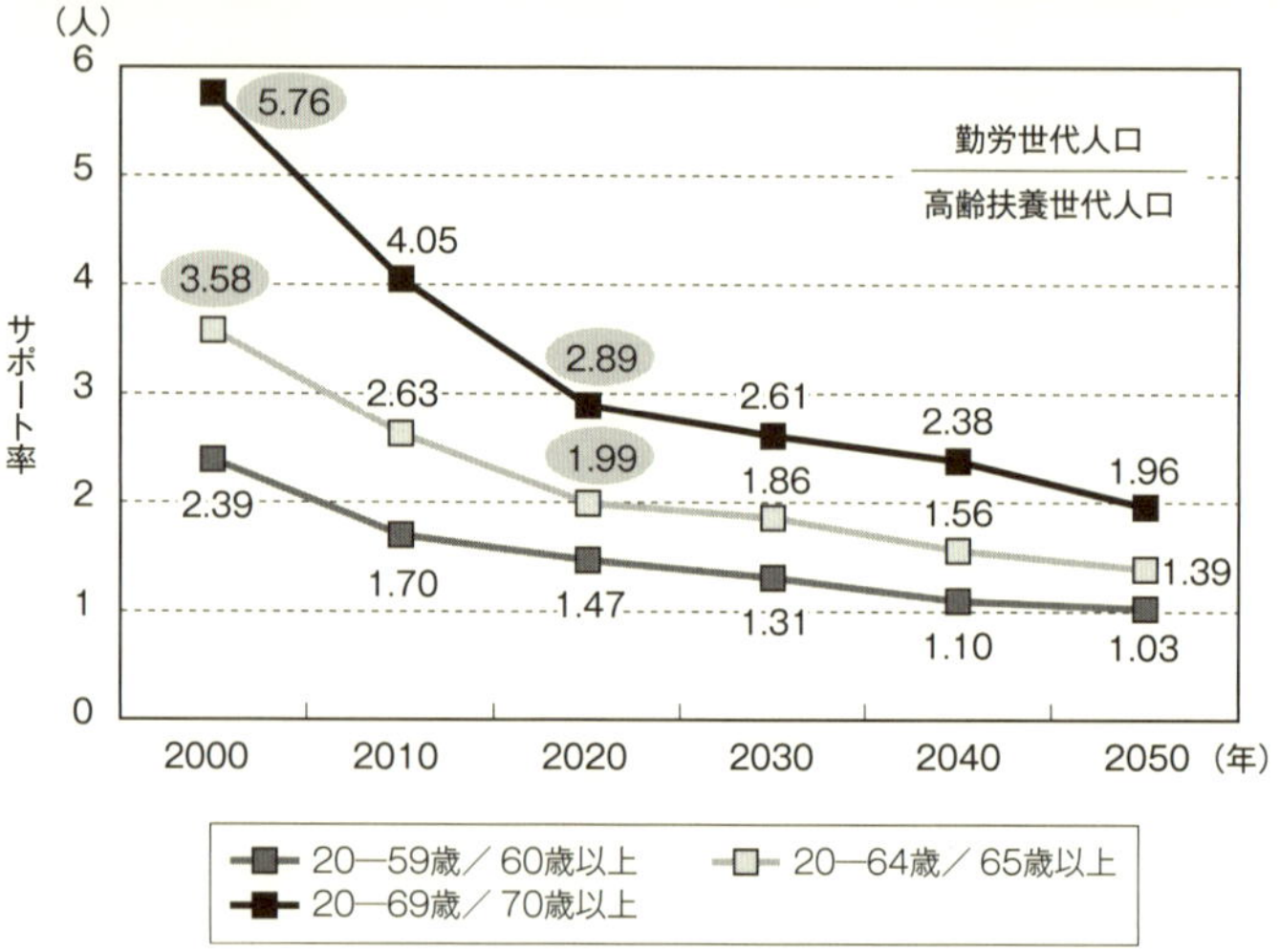

出所：独立行政法人高齢・障害者雇用支援機構の資料より

に広めていくような仕事も出てくるでしょう。

多くの高齢者が就業して収入を得ていけば、「在職老齢年金」という、所得を得ている高齢者の年金給付額を減額する制度によって、年金全体の給付額を低減できます。その額は、たとえば全体平均で1割減少させれば、単純に計算すると約5兆円が浮いてくるほどの規模です。

高齢者が新しい社会の構築に取り組めば、現役世代の不安を払拭するとともに、高齢者自身の生きがいをつくり出していくということも期待できます。

社会保障給付費の推移

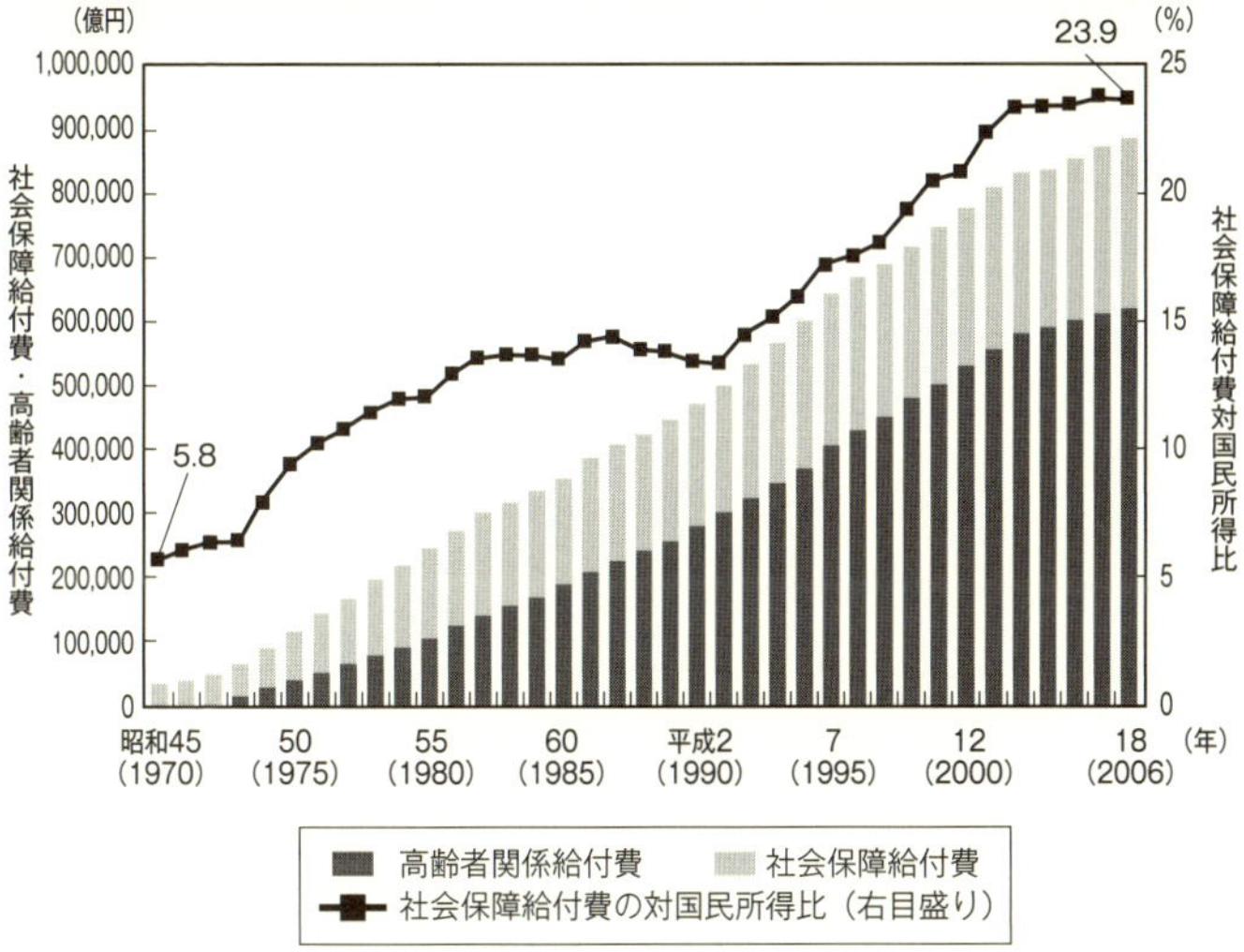

出所：国立社会保障・人口問題研究所「平成18年度社会保障給付費」
高齢者関係給付費とは、年金保険給付費、老人保健（医療分）給付費、老人福祉サービス給付費及び高年齢雇用継続給付費を合わせたもので昭和48年度から集計

健康の維持に直結するという、副次的効果もあります。収入を得た高齢者の消費が経済を活性化していくことも期待できます。

年金も、医療費や介護費用の問題もそうですが、これらは社会保障費の数字のやり繰りで解決できる問題ではなくなっています。社会の仕組みを変えていくという視点に立ってはじめて解決の糸口が見えてきます。その解決の仕組みを構築して若い世代に引き継いでいくことが、今後の目指すべき姿だと思います。

3 超高齢社会とはどんな社会か

社会の「ファンダメンタルズ」が大きく変わる

２０３０年の超高齢社会では、これまでの法体系と社会の仕組みだけでは対処しきれないことが多数生じてきます。

先ほど、すでに社会問題として顕在化している身近な例として医療など社会保障について触れましたが、同様のことは社会のさまざまな側面で生じてきます。

社会の仕組みや法制度は、その社会の「ファンダメンタルズ」（基礎的な条件）、すなわち人口の増減や、そこに住む人々のライフスタイル、そうしたものから生じてくるさまざまなニーズと予測される傾向にそって組み立てられています。

しかし、その前提となる状況が一変すれば、それまでの社会の仕組みや法制度は十分に機能しなくなります。変化が小さければ、法制度を改正し、社会の仕組みを改善すれば事は足りるのですが、法律や社会の仕組みが目的とするもの自体が１８０度変われば、抜本的にすべてを構築し直すことが求められます。

ファンダメンタルズの比較

	高度成長期～2000年	2030年超高齢社会
人口	大都市への人口流入 地方の高齢化	大都市の高齢化 地方の人口減少、少子化
団塊の世代	産業の中心的存在	後期高齢者
単身者	若年単身者と若者文化	高齢単身世帯とひきこもり
社会保障	社会保障の充実、資金余剰	社会全体で負担が限界に
就業	終身雇用	生涯就業と若年層の就業機会充実
生命	長寿命化	健康寿命の延伸
健康	若年層中心で軽視しがち	個人的、かつ社会的課題に
医療機関	医療機関の増加	病院閉鎖、診療科目減少
財政	財政規模の拡大	債務削減
地域	郊外へのスプロール化	都市中心部に空き家、空地が散在
土地の権利関係	農地の宅地化、細分化、共有化	不在土地所有者の増加、 相続により権利関係が錯綜
商業集積	大都市の高集積化と郊外化 地方のシャッター商店街	店舗数の減少、商業施設不在地域の出現 大都市近郊のシャッター商店街
繁華街	若者を中心とした賑わい	若年層、現役世代が半減して集積急減
マンション	大量供給	建て替え問題
一戸建て	ミニ戸建ての増加	高齢者居住に不適切な住宅(階段・段差)
交通	交通量増加に対応した道路網	車、EVコミュニティ車、自転車、健常者、車いす、高齢歩行者などが混在する流れを円滑・安全に
都市インフラ	道路、橋などのインフラ充実	インフラの老朽化
産業	産業の高度化	アジアの成長に伴う国際競争の激化
資源	世界の潤沢な資源を活用	資源獲得競争下のコスト上昇不安

さらに、それがひとつの項目にとどまらず、社会のさまざまな分野で同時に起こってくるとすれば、社会全体を根本から見直していく必要が出てきます。

パラダイムの転換（パラダイムシフト：paradigm shift）とは、その時代や分野において当然のことと考えられていた認識や思想、社会全体の価値観などが革命的に、もしくは劇的に変化することをいいます。

２０３０年の超高齢社会では、そうした「社会のパラダイム転換」とも呼ぶべき変化が生まれることが想定されるのです。

住宅地もいまとは違う姿に

かつての高度成長期に多数の若者が大都市圏に移住し、そのあとに家族をもって住宅を取得した結果、大量の住宅需要が発生し、大都市郊外では「スプロール化」（虫食い的開発）と呼ばれる無秩序な住宅開発が進みました。

これに対処するために、都市計画法を中心とする法体系が整備され、計画的な宅地開発も推進されてきました。

しかしこれからの時代は、大きく様子が違ってきます。

新規住宅需要は年々減ってきており、もうこれまでのようなスプロール化現象の懸念は少なくなっています。そのかわりに懸念されるのは、都市中心部で多数の空き地、空き家が散在してくる状況です。

高齢化が進んだ地方都市では、世代が変わるにつれて家が取り壊され、空き地や駐車場のままになっている土地が多数出現しています。こうした状況は、今後の大都市の郊外部でも多数出現してくることが予想されます。

すでにわが国の空き家率は13％を超え、大都市においても賃貸住宅の需給はかなり緩んできています。

相続人がほかに住宅を保有し、あるいは仕事の関係で戻れないような状況で、とりあえず空き地や空き家のままにしておくというような状況が想定されます。

街中に空き地や空き家が散在してくると、治安上も好ましくありませんし、生活環境にも悪い影響が出始めてきます。

これを計画的に緑化して、緑豊かな美しい街並みをつくり上げるか、あるいは空き地が散在し伸び放題の雑草が放置されてヤブ蚊が発生し、わびしさの漂う街並みになるかでは、住環境としては雲泥の差があります。

散歩する気を誘うか、鬱鬱とした気分になるか、住む人の健康状態にも影響を与えそうです。

しかし、空き地、空き家の所有者が遠隔地にいる複数の相続人である場合、どうやって迅速に協議するのか、その費用はどこで負担するのか、協議が円滑に進まなかった場合の対処方法はあるのかなど、問題は所有権のあり方にまで及んできます。

都市計画法やそれに付随する法体系には、この新しい課題を解決する力はありません。

これまでの法体系や社会の仕組みがうまく機能しなくなる例は、ほかにもたくさん想定されます。大きな変革が求められるのです。

街路環境の再整備も必要となる

高度成長期、車の保有率が急速に高まり、その増加するトラックや乗用車の膨大な交通量をさばくための道路網が整備され、交通法規も改正されてきました。

しかしこれからの社会は、もうそれほど自動車は増えないでしょう。

かわって、とくに高齢者を対象とした一人乗り、二人乗りの、ゆっくりと走る小型コミュニティ電気自動車が登場してくる可能性が高いものと想定されます。

時速6キロで動く一人乗りのシニアカー（ハンドル形電動車いす）も増えていくでしょう。

このほかに、健康に配慮して自転車に乗る人も増えていきます。ゆっくりと買い物カートを支えに歩く高齢者なども増えるでしょう。

今後、こうした多彩な速度の移動体が道路上に混在してくることは、たやすく想像できます。

その中には、運転を誤り、人混みに突っ込みそうになる高齢者の車も出てくるでしょう。青信号のあいだに、横断歩道を渡り切れない高齢者もいるかもしれません。

そう考えると、これから必要なのは道路の拡幅や新設ではなく、多種多様な移動体が安全に快適に移動できるような街路環境やシステムの整備でしょう。

最近では、高齢になって運転を誤る危険性があるために、運転免許の返納が奨励され、「高齢者運転免許証自主返納支援制度」というものまで設けられています。たしかに、事故の未然防止という観点では必要な制度かもしれませんが、地方では車がないと日常の買い物すらできないなど、生活に支障をきたす人たちもいます。

高齢者の生きていく自信を揺るがしかねませんし、行動範囲を狭め、就業の可能性や交流関係を狭めてしまうことで、高齢者の元気を奪うことにもつながるでしょう。最悪の場合、要支援高齢者を増加させてしまうことになる可能性も、否定できないのです。

高齢者の自立を促すという視点から見れば、この運転免許の返納は必ずしも望ましくないという見方もできます。

たしかに誤運転の危険性の問題は重いものですが、だからといって免許返納を促進すれば問題が解決するのかといえば、そんな単純なものではないことがわかります。

多彩な速度の移動体が混在した街路を安全に快適に保つための社会システムは、公共サイドだけでは構築できません。センサー技術、制御技術、それらを統合する交通管理システム、新しい交通システムへの円滑な移行を可能にする政策など、さまざまな分野の協力が必要になってくるでしょう。

ここでも、もはや旧来型の道路網の整備は比較的優先度の低いことがらとなり、むしろ既存の法体系やシステムを超えた、新しい交通システムの構築が求められてきます。

老朽化するマンションの建て替えにも、多くの問題が潜む

２０１０年6月16日の『日本経済新聞』によると、２０３０年には、築50年以上のマンションが全国で94万戸に達するという試算があるそうです。そのときには、大半の居住者が高齢者になっているケースも少なくないでしょう。

１９８１年の新耐震基準策定以前に供給されたマンションの数は約１０６万戸ありますが、(※5)２０３０年にはこれらが築49年以上に達します。これらの建物は耐震強度が低いこともあり、早めに建て替え時期に達するものも少なくないと思われます。

高齢者の多くは、新たな住宅ローンを背負うことや転居を好みません。思い出があるいま

※5　社会資本整備審議会平成21年3月資料､出典によっては133万戸という数字もあり

マンション建て替え事業の実施状況

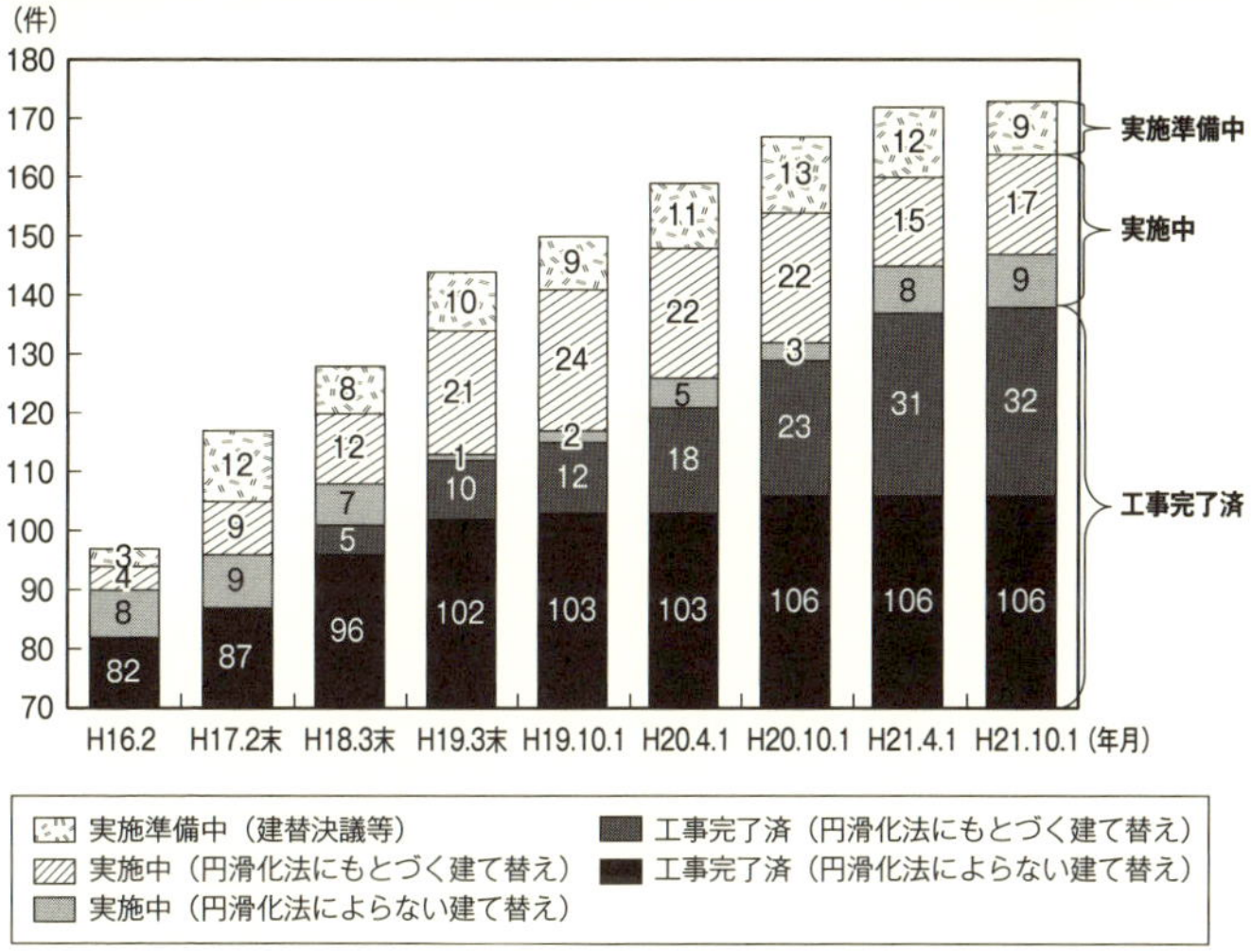

注：国土交通省調査による建て替え実績及び地方公共団体に対する建て替えの相談等の件数を集計
阪神・淡路大震災による被災マンションの建て替え（計109件）は、円滑化法による建て替え（1件）を除き含まない

の住まいに、できれば最後まで住みたいと願う人が多いでしょう。

しかも、入院している方、認知症で判断能力が落ちている人、複数の相続人の意向がまとまっていないケースなど、建て替えの合意形成をはばむ要因は無数にあります。それ以前に、管理費の滞納、一部の人のみが不便になった設備の改修に関する合意など、さまざまなトラブルも想定されます。

そうした現実を踏まえ、誰がまとめ役を引き受けて建て替え反対者を説得し、資金調達や建設資金回収リスクなどの難題を解決していくか。これは非常に重い問題です。

マンション建替え円滑化法(※6)が整備され、区分所有者の4分の3以上の賛成が得られれば、マンション建替組合を設立できるようにはなっています。しかし、現実にはこのような問題があるために、実際の建て替えは遅々として進んでいません。

もしマンションの建て替えが順調に進まなければ、いろいろな問題が出てくる危険性は否定できません。

十分な耐震性能がない建物が多く残り、中規模の地震でも悲惨な状況が生まれかねません。あるいは、「応急措置」として外壁に落下防止ネットを張ったような、見た目に貧しい、街の景観を壊す建物が増える可能性があります。

また、設備更新が思うように進まず、空き家にしたまま出ていく人が増え、管理費の滞納が進み、管理状態が悪循環に入るケースも出てくるかもしれません。

高齢者向けの住まいの整備が求められている

2010年現在、世帯数は5029万世帯で、そのうちの高齢世帯(世帯主が65歳以上の世帯)は1568万世帯(31%)です。(※7)これが2030年には総世帯数4880万世帯に対

※6　正式名称:マンションの建替えの円滑化等に関する法律
※7　国立社会保障・人口問題研究所　2008年推計

世帯類型の推移

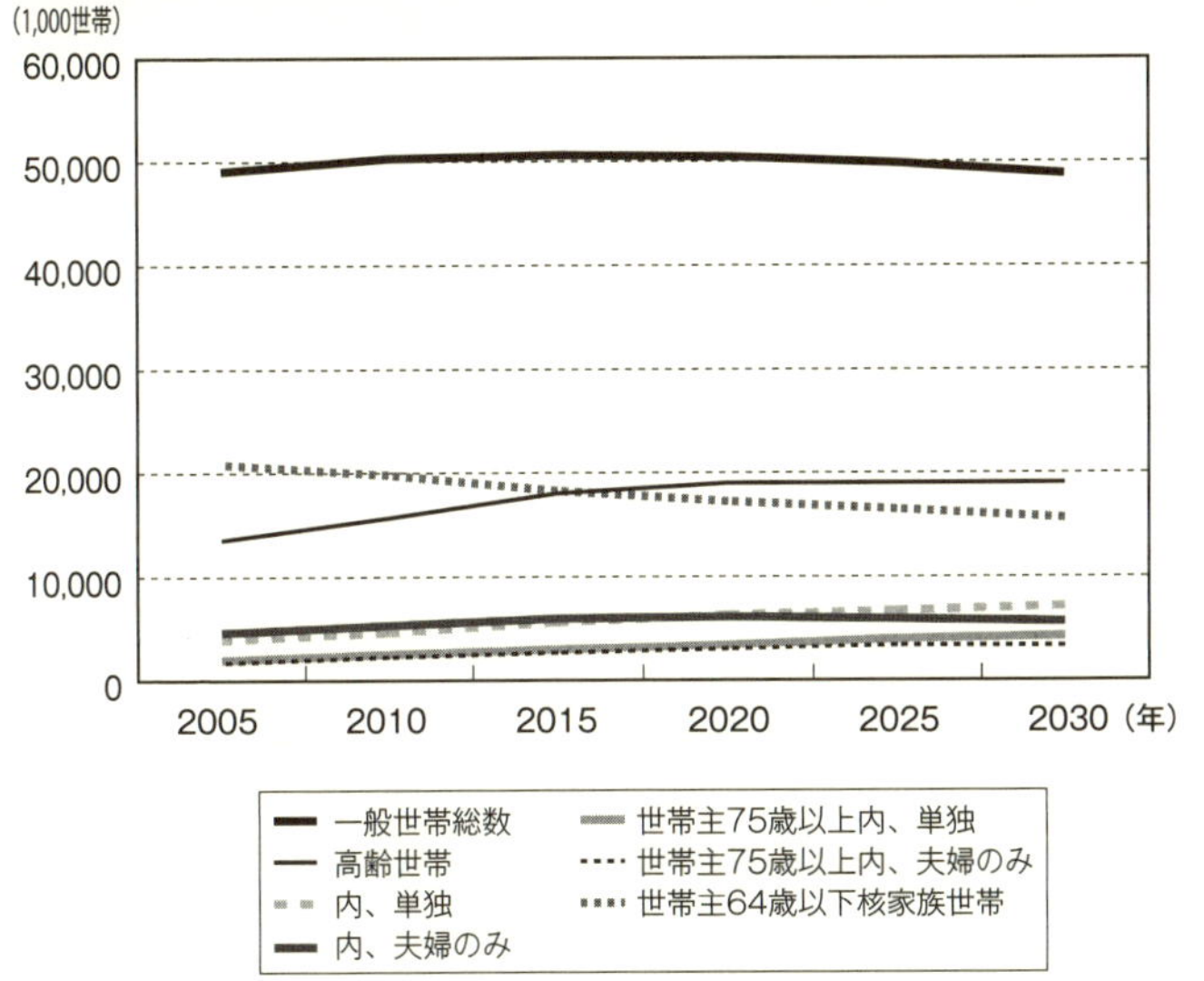

出所：国立社会保障・人口問題研究所「日本の世帯数の将来推計（全国推計）」（2008年3月推計）からグラフ化

し、高齢世帯は335万世帯増加して1903万世帯（39％）に達すると見込まれています。

世帯主75歳以上の単独世帯は、2010年の250万世帯から、2030年には429万世帯に、75歳以上の夫婦のみの世帯は、224万世帯から337万世帯に増加します。

いまはまだ、世帯主が64歳以下の核家族世帯が最も多い世帯類型なのですが、2030年には高齢の核家族世帯が最多の類型になり、高齢単身世帯も非常に多くなります。

こうした状況において、高齢者向けの住まいをいかに整備するかが問われています。２０１０年から２０３０年までに世帯主75歳以上の単独世帯および夫婦のみ世帯は２９２万世帯も増加します。これを有料老人ホームや高齢者専用賃貸住宅の整備を中心に対処しようとすることには、基本的に無理があります。

この解決のためには、バリアフリーや介護支援などの住宅設備と、在宅医療、訪問介護、生活支援などの街の機能の両方が求められます。

高齢者世帯が全体の４割も占めるとなれば、必然的に、街全体で高齢者を支援する仕組みを構築していくことが求められるのです。

ただ、実際にバリアフリーにするといっても、無数に建設されたミニ戸建て住宅や床段差のある古いマンションをバリアフリーにすることは、簡単ではありません。

街に高齢者支援機能が求められるといっても、それを誰が整備するのか、その機能はすべての地域で安定的に事業継続していけるものなのか、先の見えない課題は数多く残されています。

老朽化した都市インフラをどうしていくべきか

「高齢化」するのは、人だけではありません。

高速道路、橋、街路、上下水道、ガス管、ダム、公共施設など、さまざまなインフラ施設も老朽化が懸念されています。

日本の社会基盤整備は高度成長期から1980年代に集中したために、近い将来、いっせいに更新時期を迎える恐れがあります。

土木学会インフラ国勢調査部会の報告でも、公共予算は維持管理・更新に要する経費をまかなうだけで終わってしまい、その一方で維持管理に適切に対応するシステムが必ずしも確立しておらず、急速な劣化や点検の見落としによる重大事故の危険性が高まっていると指摘されています。

国土交通省が、2010年6月10日の政策会議で『国土交通白書』の原案として公表した内容でも、高度成長期に整備した橋やダムなどの老朽化が進むため、今後致命的な損傷が発生するリスクが飛躍的に高まるという警告を発しています。

これから更新費と維持管理費の割合が増え、今後は老朽化した社会インフラを廃棄するという選択も必要になると指摘しているのです。

橋梁の将来の高経年化

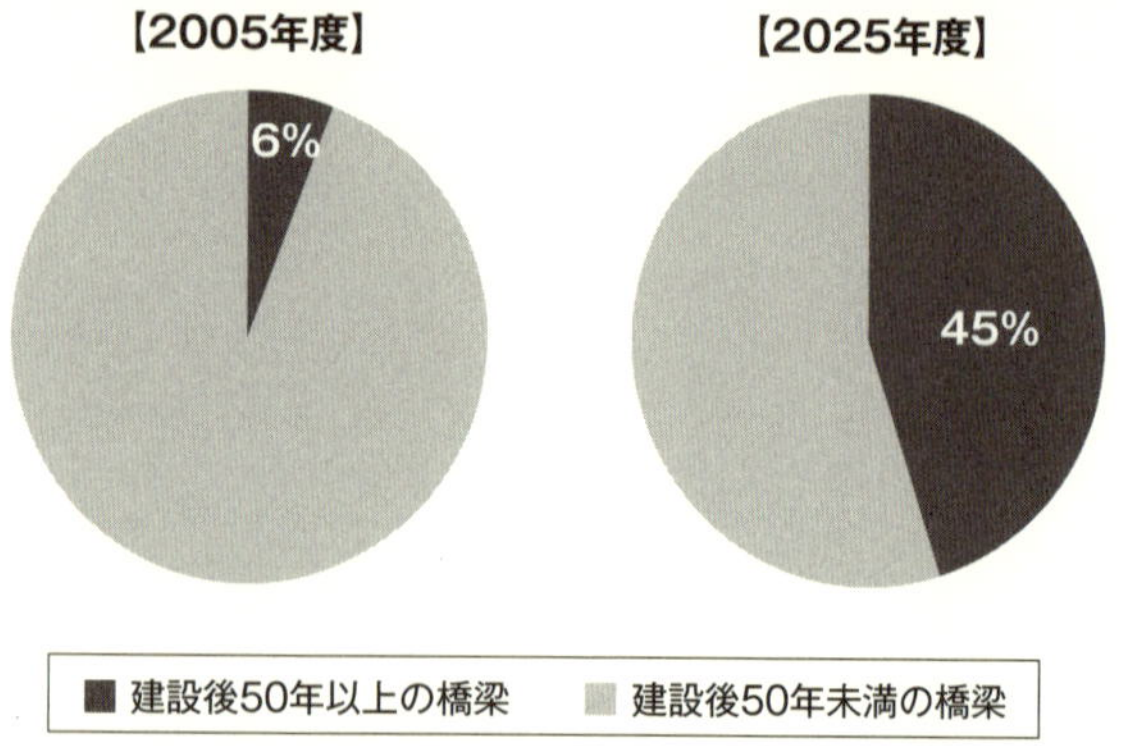

出所：土木学会会長提言特別委員会「2007年度インフラ国勢調査部会」

商店街の形も変わっていく

人口が減少する時代では、消費者の減少に伴って商業施設が減少し、あるいは衰退する商店街が増えていくことが懸念されます。

いま地方圏では、郊外のショッピングセンターに消費者が向かってしまうことによる中心市街地の空洞化が問題となっていますが、2030年には現役世代の消費者数の減少が問題になります。

新宿や渋谷など大都市中心部においてすら、顧客の中心となる若年層、現役世代の大幅な減少は飲食施設の減少に直結し、物販店の様相を変えていくものと予想されます。

衰退する中での商業施設や中小規模のオ

フィスビルの建て替えという課題も出てきます。

超高齢社会では、そうした社会環境の中で、生活環境の大きな要素である中心市街地の魅力をいかに維持し、高めていくかが問われてきます。

これは地方都市に限らず、大都市圏の都心部、郊外を問わず、全国共通の課題です。

しかしながら、現状でも地方の中心市街地の活性化に苦慮しているように、衰退傾向にある商業地域の魅力を高めていくことは、非常に難しい課題です。

大幅な人口減少で商業機能が著しく衰退した都市が、地方を中心に数多くあらわれてきます。団塊の世代を中心に急増するいわゆる「後期高齢者」のための宅配機能や、大幅な人口減少が予測される約3000万人の地方中小都市の、日常の買い物にも不便な地域における、商品供給のシステムも求められてきます。

就業形態にも変化が訪れる

これから生じてくるさまざまな社会の課題を解決していくうえで、今後増大する多くの元気な、高齢者と呼ぶにはふさわしくない人たちの力を借りることがひとつの鍵になってきます。

新しい社会の仕組みづくりやまちづくりにおいて、元気な高齢者の働きは非常に重要です。地域の元気な高齢者の活躍がなければ、街を維持していけないところも多数生じてくるはずです。

それだけでなく、働くことは健康維持に直結し、結果として医療費、介護費用の抑制に結びつくという波及効果が期待できます。活発な活動は消費も活性化していきます。

ただし、たんなる定年延長のような形で、高齢者の就業が若年層の就業を阻害するようになれば、現状でも若年層の非正規就業が大きな問題になっている中で、また新たな問題が生じることになってしまいます。

高齢者の就業においては、ボランティア的要素を含んだ就業方法、比較的短い就業日数、時間など、従来であれば就業の足かせとなっていた要素を逆に活用した新しい就業形態を開発できます。そして、こうした特性を活かせば、超高齢社会を支えていく新しい仕組みをつくることができるはずです。

わたしたちがもつべき視点は、健康寿命が延びた高齢者にどう就業機会を確保していくかという消極的なものではありません。高齢者の特性を活かし、その活躍によって地域を支え、超高齢社会に生じてくる新たな需要を取り込んだ新しい産業創生のあり方を見出し、さらには、そうした流れが若年層の雇用にも好影響をもたらすようにしていくという視点なのです。

第2章

「幸せな超高齢社会」というパラダイムシフトへ

1 新たな社会システムの必要性

社会のパラダイム転換へ、知恵の結集が求められている

社会のパラダイムが転換していくときに生じるさまざまな社会問題は、多彩な分野に複合的に作用します。そのため、ひとつの分野の解決策（部分最適）が社会全体としての解決策（全体最適）につながるとは限らないという難しさがあるように見受けられます。

いまの法制度や社会システムは、多くの専門家の努力の上に構築されてきたもので、それ自体は今後も重要な役割を果たしていくものです。

しかし、超高齢社会においては社会変化の度合いがあまりに大きいため、部分的な改修で解決できるかというと、どうもそうではないような状況が想定されます。

たとえば、先ほども述べた「高齢者運転免許証自主返納支援制度」と高齢者の自立の兼ね合いも、そのひとつでしょう。

医療機関がない、あるいは不足している地域においては、医療機関の存続は、たんに医療機関の経営問題ではなく、地域全体の社会問題になっています。

採算性の悪い医療機関を公的資金で存続させることには無理がありますが、だからといって高齢者に住み慣れた場所から無理に転居させると、これまでの交流関係を断ち、高齢者の活力を奪いかねません。

これは、たんに医療行政の舵をどうとるかという観点だけでは解決できない問題です。

このように、社会のパラダイムが転換していく中では、それぞれの課題はその専門分野だけでは解決が難しい、という性質をもっているように見受けられます。

年金不信、医療崩壊、介護地獄など、いままでの社会保障制度がいわば「制度疲労」を起こしてきているのではないかといわれていますが、見方を変えると、より幅広い観点から分野の垣根を超えた検討が求められてきているというとらえ方もできます。

次世代のために、どんな社会を残すのか

社会のファンダメンタルズ（基礎的な条件）が180度転換しようとしている中で、いま、わたしたちには「次世代のためにどんな社会を残すのか」という視点が不足しているのではないでしょうか。

超高齢社会をどう描くかを考えるとき、高齢者のためはもちろんですが、次世代に贈る新たな社会像を描くことも含めて検討していきたいものです。

ところで、環境先進国として有名なスウェーデンでも、かつては森林破壊、空気や水の汚染などさまざまな環境問題を抱えていたそうです。しかし、１９９９年に施行された環境法典には素晴らしい目標が記されています。

「自然にはそれ自体に保護される価値があり、開発する権利には自然環境を堅実に管理すべき責任が伴う……。そして政府の環境政策全体の目標として、環境問題を現在の世代で解決して、次世代に社会を引き継ぐ」

「環境問題を現在の世代で解決して、次世代に社会を引き継ぐ」とはすごい決意ですが、たしかに目前の生々しい、多数の、重い問題の解決を図るにあたって、「次世代のためにどういう社会を残すか」という視点に立つと、不思議と見えてくるものがあるように思われます。

何をしなければならないかという目標が明確になり、多くの人々が立場や分野を超えて意識を共有できるところがたくさん出てきます。

社会全体で、新たな社会のパラダイムを構築するための共通の理解を図ることが、いま求められています。

2 いまこそ社会のパラダイムを転換させよう

まず、社会のパラダイムが転換するという認識を

いままでの法制度や社会システムは、過去の社会のファンダメンタルズを前提にしていました。しかし、これまでの暗黙の共通認識、前提は超高齢社会では意味を失い、新たな認識にもとづいて次世代の社会システムを再構築していくことが必要とされています。

ここで最も問題なのは、パラダイムが１８０度転換したあとの社会を構築するには時間がかかる、ということです。

わたしたちがいままで当然のこととして受け止めてきたことを、根底から見直す必要が出てきます。そうした変化が社会全体に浸透するには、長い時間がかかります。

・街を再構成していくための時間
・社会制度を変革するための時間
・国民的コンセンサスを得て浸透させるための時間

わたしたちには、時間が必要です。

だから、超高齢社会を見据えた社会の再構築という課題は、それが訪れる20年後ではなく、今日から始めても遅すぎるかもしれない、先送りにできない課題なのです。

そして、この課題は高齢者のためだけではなく、現役世代、若年層を含めたすべての世代にとっての課題だという意識を、すべての人が共有しなければなりません。

高齢者は、次世代に残すべき社会を創造するために「もう一肌脱ぐ」という視点に立ち、現役世代や若年層は、自分たちの未来のためにどういう社会をつくり上げたいのかという視点に立ち、豊かな社会をつくるために、共に手を携えて壁を乗り越えていくことが必要なのではないでしょうか。

なぜ、社会のパラダイムが転換するという視点が重要か

これまでの社会とは様相のまったく異なる社会に変貌していくような大きな変化が見込まれる中で、将来を見通す未来図がなく、成り行きにまかせてその場その場で対応していけば、社会は大変危険な状況に陥ってしまいます。

すでにさまざまな分野で大変な努力が積み重ねられてきていますが、個々の現場で直面する問題は大きく、解決は簡単にはいきません。

いまの社会システムや法制度の前提条件となっている社会のファンダメンタルズが変わるのですから、個別分野の努力だけでは限界があります。

そのときに的確に大きな舵をとっていくには、国民の総意が求められてきます。ただ、この「国民の総意による合意形成」こそが最も難しい作業です。

国民の合意が得られず迅速な舵をとれなければ、それはまたそれで、別の軋轢《あつれき》を生んでいきます。

それが多くの人々の不満を鬱積《うっせき》させ、国民全体の気持ちがバラバラで何も動かせない状況になるか、または国民が正しく危機感を共有し、英断を下して迅速に動くかは、じつは紙一重の違いです。

「前向きな危機感」を共有して、豊かな超高齢社会を築く

これからは、いくつもの分野を連携させて大きな変革を行うという流れが求められますが、この作業は、このような基本的な難しさを抱えた中で進めることになります。

新しいことを始めるために周囲の理解を得ようとする場合、まだ見えない将来の姿の理路整然とした説明が求められるという皮肉な状況にしばしば陥ります。

分野の垣根を越えた協力関係の構築には、その専門外の分野まで踏み込んだ「専門的な」

説得が必要になります。問題の根本に迫るには、タブー視されて誰も言い出しっぺになりたくない課題にも言及しなければならないかもしれません。

そうした困難な状況下で、トップから中間管理職、担当レベルまですべての人々の理解を同時に得ていく過程は、必然的に長い時間を要します。その結果、変革には迅速な動きを期待できないのが通常です。

こうしたとき、ただ危機感を煽っても混乱を増すだけですが、しかし、危機感の共有がある種の力となって、多くの人の方向性をひとつにし、力を束ねて解決に向かうきっかけになることは、歴史的に何度も経験されてきたことではあります。

最近では、いわゆる「リーマンショック」の際、「100年に一度の未曽有の危機」という合言葉のもとに迅速に大ナタが振るわれ、平常時にはあり得ないような政策が矢継ぎ早に実施されました。

このとき、それが本当に「100年に一度の未曽有の危機」だったのかどうかは検証されないまま、世界の多くの人の気持ちがひとつになって、流れが変わったのです。

ここでいえるのは、未曽有の危機に対処するという強い意志を多くの人が共有することで、平常時であれば一蹴されるような方策も、迅速に実施できたという事実です。

これからの超高齢社会を一人ひとりが幸せな豊かな社会にするために、社会構造をどのように変えていくかの方針を打ち立て、国民的な合意を得て、社会の隅々まで行き渡るよう速やかに実施できるかどうかが問われています。

それを可能にするのは、国民全体で「前向きの危機感」を共有することではないでしょうか。

だからこそ、「社会のパラダイムが転換し、新しい社会を構築していく必要がある」という基本的な現状認識を、多くの人と共有することが必要なのです。

いまある社会の仕組みを変えるというのは大変エネルギーのいることですが、社会のパラダイムが変わるという前提に立てば、既存の概念を打破する必然性が見えてきます。

いまはタブーのように誰も手を出せないでいる社会の根本に関わるようなテーマも、共通の「前向きな危機感」のもとであれば逃げずに議論し、答えを見つけることができるのではないでしょうか。

「社会のパラダイムが転換する」という共通の意識こそが、「有益な議論を促し、社会を変える」という大仕事の土台となるのです。

第3章

超高齢社会への東京大学の挑戦①
知と力を結集して、豊かな「長寿社会」を拓こう

1
明るく豊かな超高齢社会を築くために
――鎌田実教授が語る、東京大学の「未来づくり」

「ジェロントロジー」から始まる問題解決への一歩

高齢化にまつわる学問は「ジェロントロジー（Gerontology）」と呼ばれています。日本語では「老年学」あるいは「加齢学」などといわれることもありますが、そのような言い方では意味が狭く感じられてしまうため、広く高齢者、高齢社会に関する総合的な学問を表す意味では、カタカナ表記にするのが一般的です。

もともとは、老年医学や老年社会学の分野で発達した学問です。加齢による老化の研究や、寿命を伸ばすにはどうすればいいかといった医学的見地、あるいは高齢者が増えると社会がどうなるかといった社会学的見地からの研究が進み、学問の体系化が図られてきました。

しかし、すでに第1章、第2章で見てきたように、これからの超高齢社会をどのように設計するか、あるいは長い人生をどう生きるかという問題に関わる学問は、もっと幅広いもの

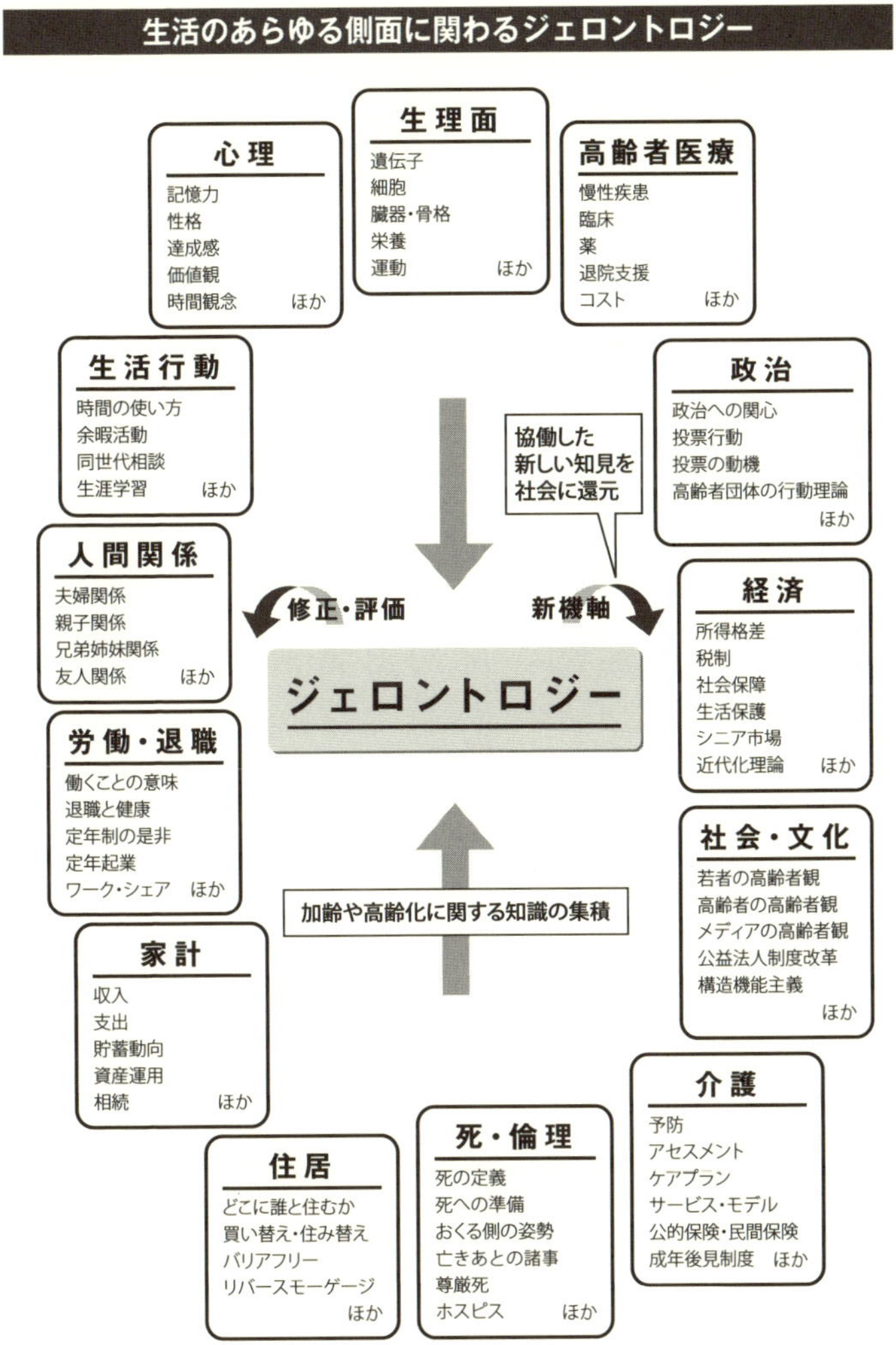
生活のあらゆる側面に関わるジェロントロジー
生理面
遺伝子
細胞
臓器・骨格
栄養
運動　ほか
心理
記憶力
性格
達成感
価値観
時間観念　ほか
高齢者医療
慢性疾患
臨床
薬
退院支援
コスト　ほか
生活行動
時間の使い方
余暇活動
同世代相談
生涯学習　ほか
政治
政治への関心
投票行動
投票の動機
高齢者団体の行動理論
ほか
協働した
新しい知見を
社会に還元
人間関係
夫婦関係
親子関係
兄弟姉妹関係
友人関係　ほか
修正・評価
新機軸
ジェロントロジー
経済
所得格差
税制
社会保障
生活保護
シニア市場
近代化理論　ほか
労働・退職
働くことの意味
退職と健康
定年制の是非
定年起業
ワーク・シェア　ほか
社会・文化
若者の高齢者観
高齢者の高齢者観
メディアの高齢者観
公益法人制度改革
構造機能主義
ほか
加齢や高齢化に関する知識の集積
家計
収入
支出
貯蓄動向
資産運用
相続　ほか
介護
予防
アセスメント
ケアプラン
サービス・モデル
公的保険・民間保険
成年後見制度　ほか
住居
どこに誰と住むか
買い替え・住み替え
バリアフリー
リバースモーゲージ
ほか
死・倫理
死の定義
死への準備
おくる側の姿勢
亡きあとの諸事
尊厳死
ホスピス　ほか

です。

そこで、タテ割りになりがちな学問の世界において、高齢化にまつわる問題解決のためのあらゆる知恵をヨコにつないでいこうというのが、「ジェロントロジー」なのです。

医学はもちろん、看護学、生物学、経済学、心理学、社会学、社会福祉学、法学、工学、建築学など、それぞれの専門家が高齢化に関する知識を集積し、その成果を社会に還元していくことを目的としています。

東京大学の「ジェロントロジー」への取り組み

東京大学の前総長である小宮山宏氏は、「課題解決先進国」という考え方を提唱しています。

これは、「エネルギー問題や環境問題など、日本は多くの点で世界に先駆けて課題に直面しているが、課題があるということはニーズがあるということでもある。世界で最初に課題に直面している日本には、世界で最初にその問題を解決する＝ニーズを満たす技術・産業を生み出すチャンスがある」というメッセージです。

少子高齢化という「課題」に関しても、日本は世界一進んでおり、いわば超高齢社会のフロントランナーです。

ということは、超高齢社会という「課題」もまた、日本が世界に先駆けてその解決策を生み出す「チャンス」でもあるということです。

このような考え方にもとづき、東京大学では2006年、「ジェロントロジー寄付研究部門」を設置し、高齢社会に関するさまざまな課題を解決するための研究活動を開始しました。

これは、趣旨にご賛同いただいた民間会社3社、日本生命保険相互会社、セコム株式会社、大和ハウス工業株式会社から寄付をいただいたことにより実現したものです。

最初に立ち上げたとき、キーパーソンは6人しかいませんでした。主要な各分野からひとりずつ入ってのスタートだったのです。

「ジェロントロジー寄付研究部門」では、3つのことを行いました。

まず、学内の研究者の発掘です。それぞれの専門分野で高齢者・高齢社会に関する研究をしている人をリストアップして、一人ひとりに参加を呼び掛けていきました。

次に、学部横断の教育プログラムを設置しました。これは、「ジェロントロジー」という言葉の意味だけではなく、高齢社会にまつわるいろいろなテーマの教育をするための、学部を横断する形での講義です。この講義は現在も継続して行っています。

そして3つめは、若い研究者の支援・助成です。「ジェロントロジー」は関係する学問分野が非常に広いので、いろいろな分野の専門家が集まって議論をするような形での研究を促したい。そこで、そのような取り組みをしている研究プロジェクトを、資金面で支援しました。

これらの活動の成果として、2008年にアジアの若手研究者を集めた国際会議を東京大学で開催。それが大きな反響を呼び、翌年には、ソウル大学で2回目の国際会議が行われました。若手ジェロントロジー研究家による国際的な会議がスタートし、大きな盛り上がりを示したのです。

まさに、超高齢社会という課題を世界に先駆けて解決するその道筋が、明確に見えはじめたわけです。

すでに始まっている超高齢社会の未来づくり

このような成果を踏まえ、2009年4月に、「ジェロントロジー寄付研究部門」をさらに発展させる形で「高齢社会総合研究機構」がスタートしました。

ここでは、3名の専任教授と、ほぼ全学部からの24名の運営委員が任命されました。関係するメンバーをすべて合わせると80名規模の、大きな組織となったのです。

このような文系も理系も集結してひとつの研究に取り組むプロジェクトは、先行事例がほとんどありません。１＋１を３にも４にもするこの試みは、学問の世界にとってても超高齢社会の課題解決のためにも、とても大きな一歩です。

機構の活動は、大きく「教育」「研究」「国際」「産学連携」の４つに分けて説明することができます。

「教育」では、先ほども説明した、学部横断型講義を開講しています。

「研究」では、机上の議論にとどまるのではなく、千葉県柏市と福井県をフィールドとして、長寿社会のまちづくりモデルの社会実験を行っています。

「国際」では、スウェーデンやアジアの若手研究者との国際会議の開催など。

「産学連携」では国内外の企業42社と「東京大学ジェロントロジー・コンソーシアム」を結成し、２０３０年ごろの望ましい社会ビジョンと、そこに至るまでのロードマップやアクションプランを作成しています。

機構では、その活動の基本理念を、「Aging in Place」と表現しています。これは、「いくつになっても、住み慣れた地域で安心して自分らしく生きる」という意味です。

「Aging in Place」を構成する要素は３つあります。

ひとつは在宅医療の充実です。医療と介護が連携したシステムを用意しなければなりません。

2つめは生きがいづくりと就労です。人はただ長生きすればいいのではありません。QOL（Quality of Life：生活の質）を追求し、自分らしく長生きするための仕組みをつくる必要があります。

3つめはそうした生活を支えるためのインフラ整備です。超高齢社会に必要とされる移動・交通手段の研究、さらに建築・都市工学・土木工学などが関わる住宅づくり、まちづくりです。

機構がその活動においてこだわっている点は、「Aging in Place」にもとづいたこれからの社会のあり方を、ただ大学の中で、机の上で議論するのではなく、実際の街でモデルケースとして展開し、新しいものをつくり出していくということです。

現在、取り組んでいるまちづくりモデルの社会実験のパートナーは、都市型のモデルが千葉県の柏市、地方型のモデルが福井県です。

千葉県柏市では、今後20年で、75歳以上のいわゆる「後期高齢者」が現在の約3・2倍になります。そこで、市役所でも高齢者対策を重要視していました。

そんな中、市内の「豊四季台団地」では、建物が老朽化したため、UR都市機構が団地の建て替えを計画していました。

そこで、この建て替え計画に東京大学も参加し、低層住宅を高層に建て替えることででき

Aging in Place／住み慣れた地域で安心して自分らしく生きる

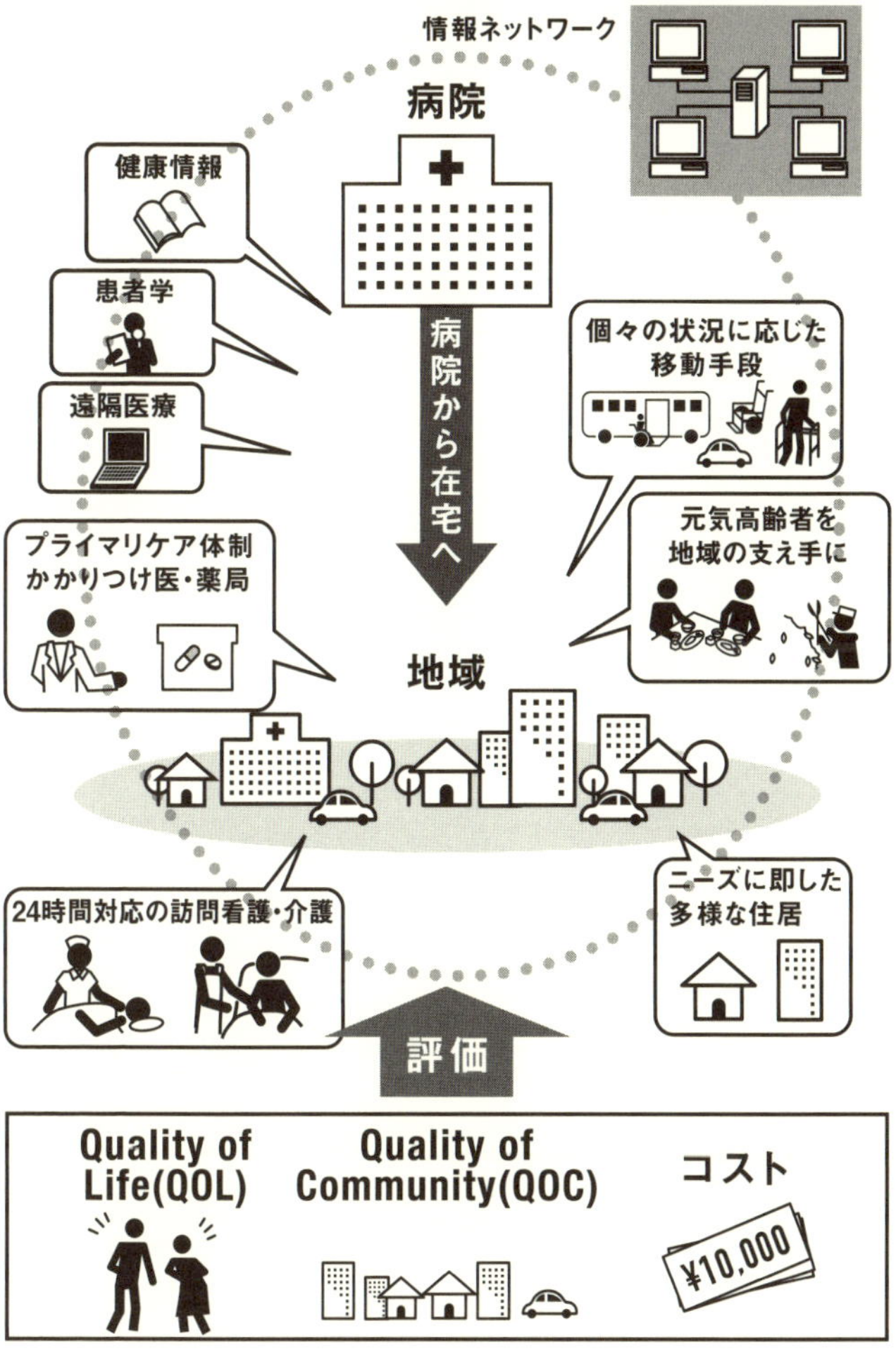

る空きスペースの活用を中心に、さまざまなプロジェクトを進めています。

福井県では、2008年度より、高齢者の移動に関する研究を始めました。具体的には、安全な自動車運転を援助する技術や交通システム、安全運転教育プログラムの開発などに着手しています。

また、地域のみなさんの医療費の支払いデータをもとに、どのような施策が医療費の抑制や健康維持に有効なのかを調べる、といった研究も始まっています。

福井県には、限界集落の問題をはじめ、都市とは違う課題、要素があります。どのようなアプローチが有効なのか議論を重ね、今後活動を本格化させていきます。

千葉県柏市と福井県。この2つのフィールドを「課題解決先進国・日本」の「課題解決先進タウン」にする試みが始まっているのです。

この先にある、明るく豊かで楽しい超高齢社会のために

東京大学高齢社会総合研究機構の基本的なスタンスは、完成品としての街をつくるというだけではなく、そのプロセスを、うまくいっているところだけではなく、試行錯誤しているところも失敗した試みもすべて記録することで、あとに続く人の参考になるようにしたいというものです。

それこそが、先駆者としての役割だと考えています。

日本、そして世界の課題である、超高齢社会。

「いくつかの成功例」をつくるだけでは、この課題は解決できません。

その方法を、プロセスを、多くの人と共有し、再現性のあるモデル化・マニュアル化を進めることが必要なのです。

人口の3分の1が高齢者となる2030年まで、残された時間は多くありません。

このままでは未来は決して明るくない、それは確かです。

しかし、この課題そのものがビジネスチャンスであり、人と社会がさらなる高みへと「進化」するチャンスでもあるのです。

高齢者がいきいきと暮らせる社会。それは、長く生きた人の知恵や経験を活かせる社会であり、高齢者が若い人の「役に立つ」社会です。

そんな「明るい超高齢社会」をつくるためのさまざまな取り組みが、すでに始まっています。

その先に、わたしたちの明るい、楽しい、豊かな未来があるのです。

2

秋山弘子教授が語る、「長生きを心から喜べる長寿社会」への取り組み

―― 長寿・健康・経済のリンクが鍵

超高齢社会の課題は、個人の人生設計と社会のインフラ整備

２０３０年には、65歳以上の高齢者が人口の3分の1を占めることになりますが、その中でも急速に増加するのが75歳以上の人口です。これから20年で１０００万人近くも増えると予測されています。

このことにより、わたしたちには「人生の第4期」という新たなライフステージが生まれることになります。

いままでは人生には「子ども」「大人」「高齢者」の3つの段階があるといわれていましたが、そのあとの人生、「人生の第4期」が誕生するわけです。

さらに、現在１００歳以上は4万人弱ですが、２０３０年には27万人に、２０５０年には70万人になると予測されています。80歳、90歳の人の生活と、１００歳の人の生活は質的にかなり違うので、今後は１００歳以上の「人生の第5期」という段階も考えていく必要があ

るかもしれません。

　このような超高齢社会を豊かなものにするために、「ジェロントロジー」が解決するべき課題は大きく分けて2つあります。

　ひとつは、90年の長い人生をどう生きるかという個人レベルの課題。もうひとつは、多くの高齢者が健康で幸せに生きるための社会のインフラの見直しということになります。

　まず、個人の人生設計について考えてみましょう。

　人生50年時代と、これからの「人生90年時代」では、人生が倍になるという違いだけではありません。人生の自由度が、非常に増えていきます。

　子供時代を過ぎ、高校なり大学なりの教育期間が終わったら就職。結婚し、子どもを産んで、子どもを育てて、定年退職をして、それで終わり……というようなレールが敷かれていたこれまでの時代と異なり、個人が自分の人生90年をどう設計して生きていくかが課題になってきたのです。

　次に、社会のインフラについてみると、わたしたちが住んでいる街や社会システムはその多くが、若い世代が多く人口がピラミッド型をしていた時代につくられたものです。

　したがって、このままではこれからの超高齢社会には対応できないでしょう。それは、交通機関、建物などハードなインフラだけではなく、医療制度や福祉、教育制度などソフトなものも含めての話です。

医療・福祉分野はもちろん、経済・産業・文化の広い領域でお互いに関連する複雑な課題を抱えています。これを解決するためには、新たな価値観の創造と社会システムの抜本的見直しが必要です。

いつまでも元気で長生き、を実現するために

超高齢社会というと、元気のない高齢者ばかりの暗い社会をイメージしてしまいがちですが、そもそも、長寿は人類の悲願でした。その目標がある程度達成できた現在、わたしたちの課題は寿命を延ばすこと、つまり量から、高齢者のQOL（Quality of Life：生活の質）を高めることに移行してきています。

いつまでも健康で社会に貢献し、元気で豊かな生活を送るために、個人と社会はどうあるべきか。それは、高齢者の病気や障害といったネガティブな側面ではなく、高齢期における可能性というポジティブな面に光を当てることでもあるのです。

1987年、学術誌『Science』において、「サクセスフル・エイジング」という理念が発表されました。これは、高齢者の大半を占める健常者に目を向け、高齢者でも健康で自立し社会に貢献できるということを前提にする理念です。

高齢者は若返っている

10年前（1992年）と現在（2002年）の高齢者の通常歩行速度を比べてみると、男女ともに11歳若返っている！（ex.現在の75歳は昔の64歳！）

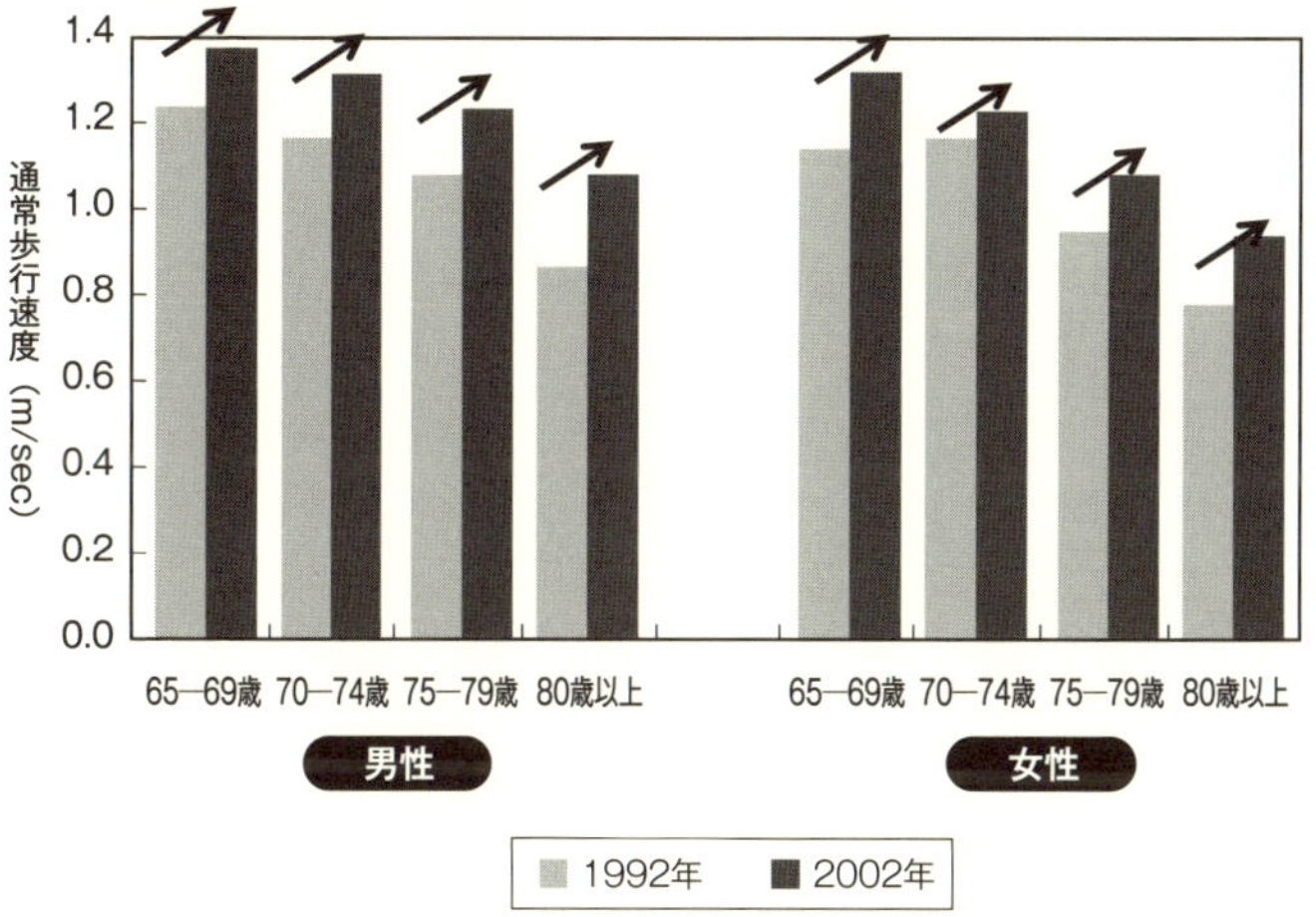

出所：鈴木隆雄他「日本人高齢者における身体機能の縦断的・横断的変化に関する研究」『厚生の指標』（第53巻第４号、2006年４月、p.1-10）より引用

この理念にもとづいたさまざまな施策・政策によって、「元気な高齢者」は着実に増えてきています。

いま、高齢者の大半は健康で、知識も技術もあり、活躍したいと願っています。実際、高齢者の身体機能は、昔と比べて随分、若返っています。たとえばいまの75歳の人の歩行速度は、10年前の64歳の人と同じだという調査結果もあります。

認知機能についても同じようなことがいわれています。

よく、人間の能力は20代が

認知能力の年齢による変化

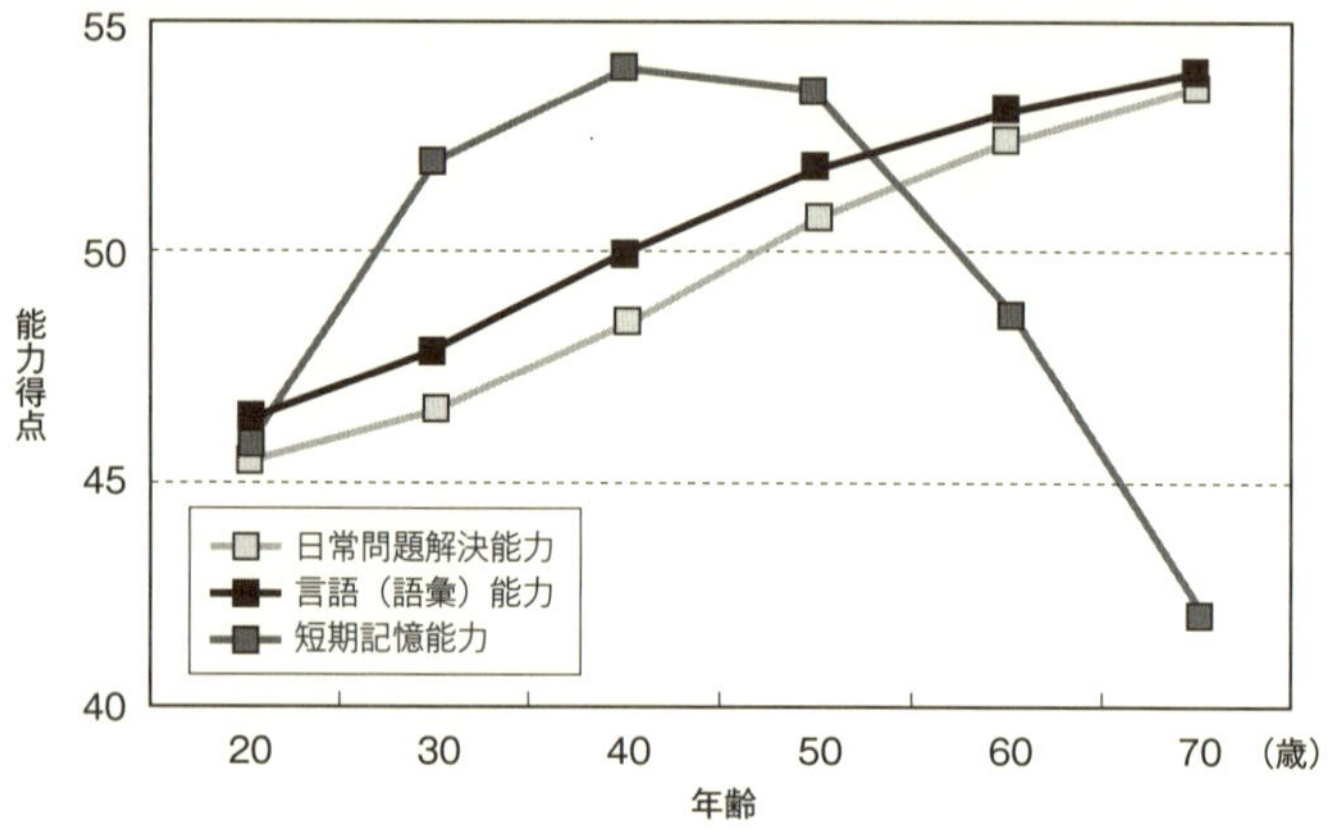

出所：Cornelius and Caspi（1987, p150）より

ピークで、あとは落ちていくだけというようなことがいわれますが、そんなことはありません。たしかに運動能力などではそうした傾向もありますが、言語能力や日常問題の解決能力などは高齢期になっても落ちず、むしろ伸びつづけます。

人間の能力というのは多次元で多方向なので、そうした広い視点から高齢期をとらえていく必要があるのです。

調査から浮かび上がった、超高齢社会の課題

私は、長年にわたり、加齢に伴う生活の変化を調査してきました。これは、健康状態や経済状態、人間関係が

機能的健康度の変化パターン【男性】

—全国高齢者20年の追跡調査（N=6,000）—

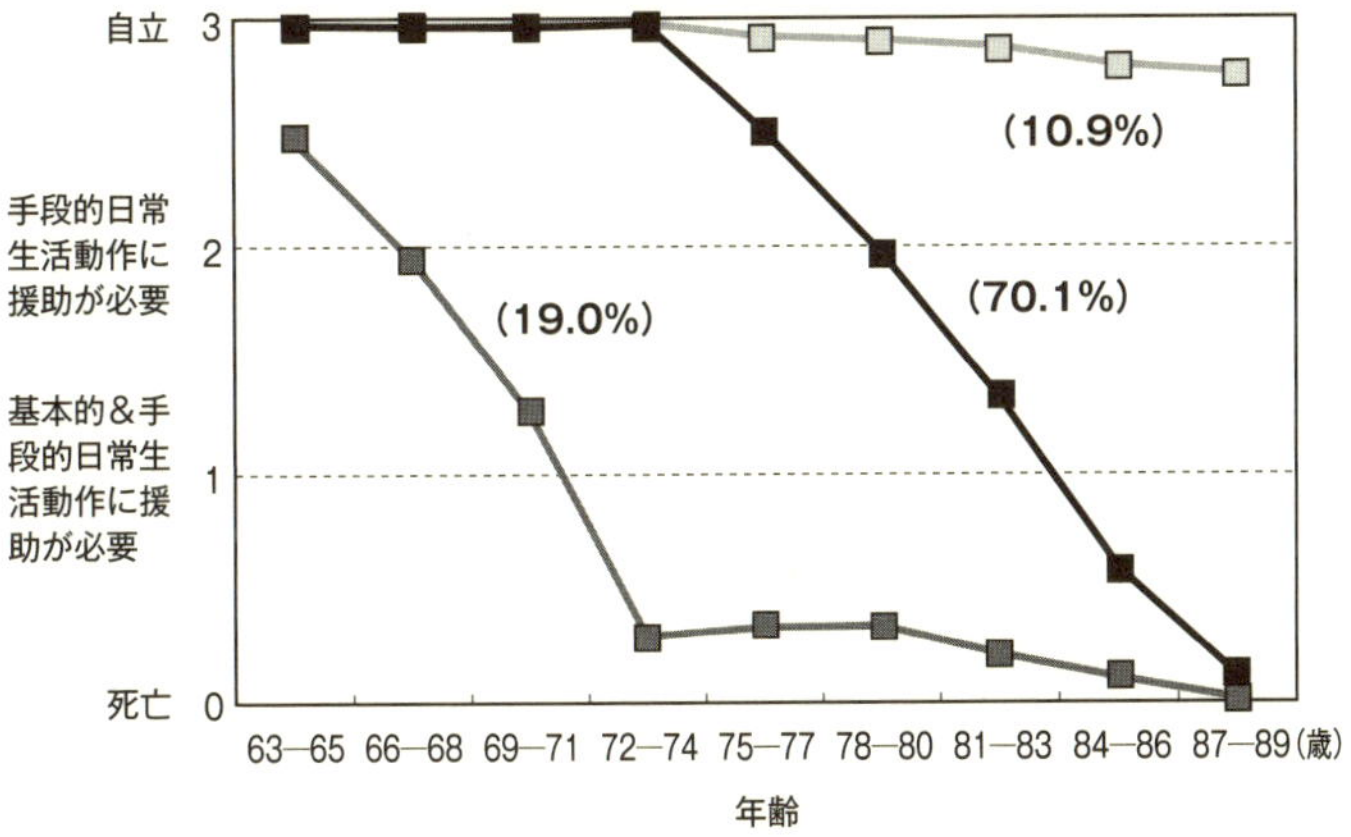

出所：Akiyama et al.（2008）アメリカ老年学会2008年年次大会

年をとるにしたがってどのように変化するのか、同じ対象者を3年ごとに追跡調査したものです。

この調査により、超高齢社会のあり方を考えるためのさまざまなことがわかりました。

男性は大多数の7割、女性はじつに9割が、「人生の第4期」に入る75歳ころから少しずつ自立度が落ちていき、何らかの介助が必要となります。しかし同時に、いわゆる「後期高齢者」がみんな介護の対象というわけではなく、むしろ大多数の人たちは多少の助けがあれば日常生活を続けられるという実態も把握できました。

この調査からは、従来の「サクセス

機能的健康度の変化パターン【女性】

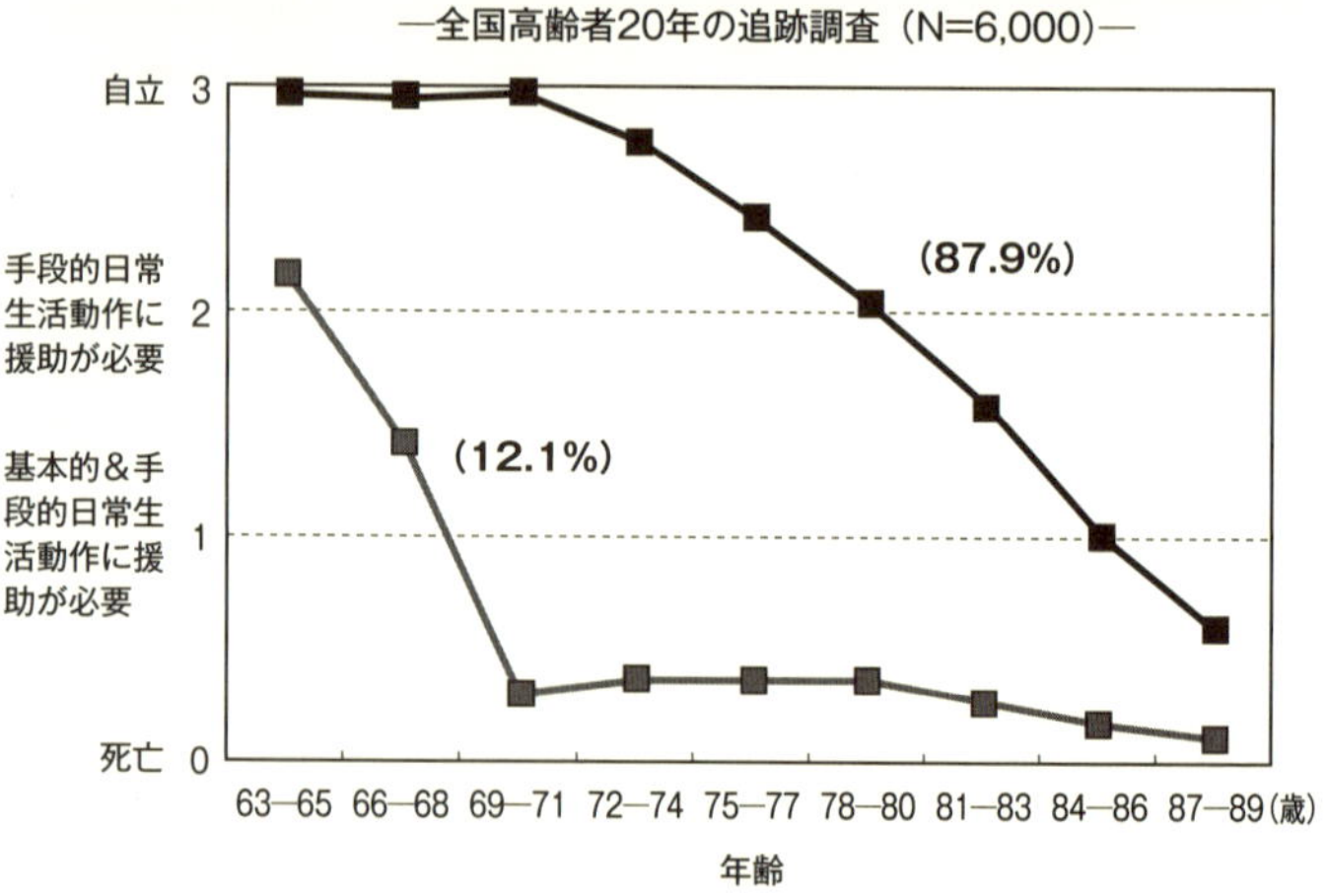

出所：Akiyama et al.（2008）アメリカ老年学会2008年年次大会

フル・エイジング」の理念だけでは、これからの「高齢化する高齢社会」には対応できないということも浮かび上がってきます。

まだまだ元気な「前期高齢者」には「サクセスフル・エイジング」の実現への取り組みがこれからも重要ですが、要介助の高齢者に「自立して生涯現役」だけを画一的に求めることは、まるで自分が人生の落後者のような自覚をもたせてしまうことになってしまいます。

したがって、これからの超高齢社会の設計においては、2つの視点が必要となるでしょう。

ひとつは衰えていく年齢を2年でも

3年でも遅くすること、つまり健康寿命の延長です。

そしてもうひとつの重要な課題が、それでも衰えはいつか来るので、その期間をいかにして安心で快適に、そして尊厳をもって生きることができる生活環境を整えていくか、という視点です。介助を必要とする高齢者の生活を支援するための、社会のインフラ整備です。

「長寿・健康・経済」がリンクした理想のまちづくりに向かって

こうした課題の解決策を見つけ出すために、東京大学高齢社会総合研究機構では、さまざまな社会実験を進めています。

そのひとつが、前章でも触れた千葉県柏市の「豊四季台団地」における取り組みです。元気な高齢者が、いつまでも長く元気でいつづけられる街。そして同時に、介助を必要とする人をしっかりと支えてあげることができる街。そんな理想のまちづくりへの取り組みが始まっています。

理想の超高齢社会づくりのキーワードは「長寿・健康・経済のリンク」です。

ただ長生きするだけではなくて、健康な期間を少しでも延ばしていくこと。そして、個人と社会の経済がしっかりと成立することが必要です。

そのための環境をコミュニティ全体でつくり、住み慣れた地域でいつまでも安心して自分らしく生きる＝「Aging in Place」を実現することを目的としています。
情報ネットワークの整備、状況に応じた移動手段の確保、住宅環境の整備など、専門家が地域の方々と協同して、さまざまなプロジェクトが動き出していますが、なかでも在宅医療、訪問介護の体制整備と、高齢者の就労対策については、とくに力を入れているところです。

高齢になるとどうしても病気がちになりますが、そのときに病院で寝込み、人生を終えるのではなく、いつまでも住み慣れた地域、わが家で医療を受けることができるようにすることが重要です。

そのために、地域の「かかりつけ医」の整備や、病院と地域医療との連携の強化、24時間体制の訪問看護・介護の実現などをめざして、地元の医師会や行政と協同した取り組みを進めているのです（これについては次章でも詳しくお伝えします）。

そして、もうひとつ力を入れているのが就労対策です。

多くの高齢者は60歳を過ぎても健康で、知識も技術もネットワークもある人たちです。そして本人も、何かやることがあればしたいと思っているのに、何をしていいのかわからない、機会がないのです。

これをそのままにしておくと、ひきこもりがちになり、健康も損なわれ、最終的には孤独死にもなりかねません。また、知識や経験のある高齢者は社会にとって貴重な資源です。これを活用しないのは、社会にとっても大きな損失なのです。

高齢者の就労は、個人にとっては自己実現であり、健康増進になり、収入の足しになり、QOLの実現につながります。

そして社会に対しては、労働力の拡大、知識・スキルの継承、納税者の拡大、経済の活性化、社会保障費関連の抑制、社会的孤立問題の解消という効果をもたらすのです。

そこで、たとえば、ひきこもりがちな高齢者の方々がまず家から一歩出る、そのきっかけをつくることを始めています。趣味やボランティアということでは外に出ない高齢者も、働くところがあれば喜んで出かけていくのです。

自分の住み慣れた地域で、歩いていけるところで働く。元気な人はもちろん、少し身体が悪くなっても週に3日とか、あるいは1日とか、または夫婦で交代で、など、自分で就労時間を決めて無理なく働くことが大切です。

働くことで収入を得て自己実現につなげ、健康づくりの助けとすることはもちろん、仕事を通して楽しく人と交わることもできる。そんな「セカンドライフの働き方」のモデルづくりを進めています。

具体的には、豊四季台団地で7つの事業を立ち上げています。

3つが農業関連で、休耕地を利用した「都市型農園事業」、団地内の空き部屋を利用した「ミニ野菜工場事業」、そして団地の建て替え後の屋上を利用した「屋上農園事業」です。

また、一人暮らしの高齢者の健康・コミュニケーション支援も兼ねた、「コミュニティ食堂の運営」と「移動販売・配食・宅配サービス」を企画中です。

さらに「紙おむつ再利用事業」「学童保育サービス事業」の検討も進めています。

これらの事業は、たんに高齢者の働く場所をつくるというだけではなく、事業そのものが社会やコミュニティに対する貢献になっています。若い人に支えてもらうのではなく、社会に貢献して地域の支えになる高齢者の姿が、そこにはあるのです。

「超高齢社会」を豊かな「長寿社会」にするためのモデルを確立し、日本に、そして世界に広げていきたい。

そのためのわたしたちの取り組みに、ひとりでも多くの人に参加してほしいと思います。

［コラム］

豊かな長寿社会への取り組み①
オンデマンドバスの実証実験

東京大学新領域創成科学研究科によって、超高齢社会に向けた新しい交通システムとしてオンデマンドバス（予約制の乗り合いバス）の実証実験が千葉県柏市などで進められています。

利用者が「8時30分に病院に行きたい」という具合に希望の時刻を指定して予約をすると、予約情報を受け取ったコンピュータが、最も効率的な運行計画を即座につくり上げます。

利用者は、自分の好きな時刻に自宅のすぐ近くから目的地までタクシーのように移動できます。バス停まで歩かずに目的地まで移動でき、また乗り合いになることでタクシーに比べて費用負担も安価になります。

病院に通う方など地域の高齢者もこの実証実験に参加して、毎回家族に送り迎えを頼まなくてもよくなったと好評を博しています。

最近では、赤字路線に悩む地方の多数の自治体でも、費用削減とサービス向上の切り札として実証実験が始められてきています。

柏市を走るオンデマンドバス
（予約制の乗り合いバス）

第4章

「健康なまま長生きできる社会」をつくろう

超高齢社会への東京大学の挑戦②

1

辻哲夫教授が語る、長寿社会の「医療」
――「Aging in Place」をかなえる在宅医療

在宅医療の実現で、安心な社会をつくる

人間は、歳をとってから環境を変えてしまうと、自分のライフスタイルを失って虚弱になることがあります。

たとえば、高齢者が病気になって入院すると、生活環境が大きく変わります。そうすると、ライフスタイルがすっかり変わってしまい、結果的により虚弱になってしまう。そういうことがあるわけです。

「Aging in Place」、すなわち自分の住み慣れた場所で、いままでしてきた生活を続けながら、生きていく。それが本人にとって幸せで、健康を維持しやすい方法だといえます。

そういう意味で、住み慣れた地域、住まいで、介護だけではなく医療が受けられる社会にすることが、これからとても大切なことなのです。

一方で、医療側の問題としても、都市部での入院需要の急増が懸念されます。

現在、病床数は国際標準から見ると日本は過剰であり、基本的に病床数を増やす方針はありません。そんな中、超高齢化が都市で急速に進行することにより、死亡時に入院することも含めて今後入院患者が急増すると、病院がパンクしかねないのです。

病院そのものが患者を受け切れなくなり、孤独死が激増するかもしれません。

このままでは、状況は非常に暗く深刻です。

では、どうしたらいいのか。

その解決策が、在宅医療システムの整備です。

まず医師のモチベーション向上から始める

在宅医療実現の最初の課題、それは「在宅医療推進のための医師のモチベーション」です。

現在のところ、在宅医療に携わる医師は、まだそれほど多くありません。

日本におけるお医者さんはどういう人たちか。それは、大きな病院の、臓器別の専門医をイメージしていただくとわかりやすいと思います。みなさんとても優秀で、最先端の研究、高度な医療を通じて社会に貢献したいと思っています。

もちろん、それはとても素晴らしく、ありがたいことですが、在宅医療の実現という観点から見たとき、多くの医師は患者さんの自宅では高度な治療はできないので、在宅医療そのものに関心をもてないという課題になってしまうのです。

また、往診や時間外の対応も、医師にとっては大きな負担となりますから、どうしても消極的にならざるを得ません。

こういう環境を変えていくことが、まず必要になります。

そのために、医師の在宅医療の研修を導入することから始めています。

臓器別の専門医として育った医師が、在宅医療に取り組むきっかけとなるようなモデル・プログラムを開発するのです。これは、まず実際の在宅医療の現場の実習をします。

そして、さまざまなテーマ別の研修プログラムを用意しています。

たとえば、終末期の患者さんのさまざまな側面での悩みや苦しみを総合的にケアしてQOL（生活の質）を確保する「緩和ケア」の研修が考えられます。

また、年をとると、食べる力が失われがちです。どんなに高度な医療を施しても、そもそもの栄養状態が悪ければ病状は改善されません。

そこで、さまざまな医療スタッフが患者さんの栄養状態を良好に保つためのチームをつくって治療にあたる。このチームを「NST（Nutrition Support Team：栄養サポートチーム）」といいますが、このチームの一員としての研修も行います。

こういった、さまざまな職種のみなさんとの連携した研修事業を通して、医師たちの教育啓発を行い、在宅医療実現のための仲間を増やしています。

在宅医療モデルを「見える化」する

千葉県柏市の「豊四季台団地」は、都市における高齢化コミュニティの典型的な例です。この地域で、東京大学と千葉大学とが全面的に連携しながら、研修とあわせて在宅医療のモデル実践を行い、それを可視化、いわゆる「見える化」することに取り組んでいます。

まず、医師のグループ化です。

在宅医療の本来の姿は、かかりつけ医、主治医がいて、入院して戻ってきたらフォローする、もしくは往診して再入院を防ぐ、このように「かかりつづける」ことが大切です。しかし、いまは残念ながら、そこが分断されている。それが日本の医療の大きな課題なのです。その原因のひとつは、かかりつけ医にかかる、365日24時間対応という大きな負担です。

そこを克服しようと、かかりつけ医をグループ化することで24時間対応できるシステムをつくります。

いつもの医師が夜に往診に行けないときには別の医師がかわりに行く体制、あるいは難しい治療は専門医が行うといった具合に、在宅医療を支援する地域の診療所をいわば拠点にして、かかりつけ医をグループ化していきます。

これを実現することは非常に困難な課題ではありますが、そのような地域の在宅医療の体制を、モデル化していきたいのです。

研修医のときから総合医を育てて往診するという一定の仕組みを定着させるのが本筋ですが、それが普及するには20年以上かかります。しかし、それでは間に合いません。

したがって、専門医として育てられいま活躍されている開業医の方々を仲間にしていくというプログラムが必要です。在宅医療に関わっていなかったかかりつけ医が、合理的な形で在宅医療に取り組めるようにしなければならないのです。

システム開発そのものをモデル化することと、実際の医師の研修を進めていくこと。この2つが急務です。

その実現には、地元の医師会の理解と取り組みが絶対に必要です。柏市では、医師会のメンバーを中心として、柏市役所と大学とのあいだで話し合いを重ね、形が見えつつあります。

このトライアルについては、市役所が非常に重要な役割を担っています。

行政が在宅医療の導入について、主体的な役割を果たすということが必要なのです。

それを明確化するために、行政と医師会と東京大学、千葉大学とで、医療ワーキングという場を設け、議論を進めています。

トータルなシステムによる、未来の医療・介護の形

今後は、医師だけではなく、歯科医師、薬剤師、訪問看護師、ケアマネージャー、在宅介護事業者といった地元の関連職種や業種のみなさんとも連携していきたいと考えています。医師だけでない幅広い職種や業種からなる連携ワーキングシステムという場を設け、その試みを始めています。

超高齢社会における在宅医療は、医師だけでは完結できません。このような医療・介護を通すトータルなシステムが必要なのです。

また、このような医療・介護のトータル・システムを全国に展開するためには、企業の力も必要です。

在宅医療と連携した介護事業の洗練されたオペレーションの確立や情報システムの総合化などの営みは、企業のシステム力が活かせる領域です。在宅医療そのものはビジネスの領域ではありませんが、企業が適切に関わる形で展開してこそ、トータルなシステムが普及し、その一環として在宅医療システムは大きな面的広がりを得ることができます。

こうしたトータルなシステムを成立させるには、さまざまな医療介護制度の改革も必要です。政治や行政への期待も高まっているのです。

そして、地域住民のみなさんこそが、最も重要なパートナーです。地域住民の参加なくし

て、超高齢社会のあるべき姿は見えないのです。

地域住民がどういう生き方をしたいのか。

在宅医療を含めたトータル・システムだけでなく、高齢者の就労機会をつくることは、高齢者が積極的に外に出て自己実現することにつながり、それは健康維持、予防医学の観点からもとても重要です。

そこで、生きがい就労などを中心に据えたコミュニティづくりと、在宅医療を含めた「安心して暮らせるシステム」を確立し、「地元のコミュニティ」が「終《つい》の住処《すみか》」になれるようにしていく。

そのような環境の中で、家族の絆を深め、地域をつくっていく。

そのために、自治体が主導的役割を担い、タウンミーティングをやり、市民ケアを行い、市民もまた議論をする。当時者である住民が、自らのあるべき生き方を考える、あるいは行動する中から、街ができていくのです。

千葉県の柏市で、そのモデルづくりが始まっています。

この先の20年が未来を決める

考えてみると、今後やってくる超高齢社会は、いままで先人が苦労して築いてきた日本の高度成長の「成果」でもあるわけです。

これが暗い社会になるのだとしたら、いままでのわたしたちの努力は何だったんだ、ということになりかねません。

目の前にある課題を一つひとつ解決していけば、超高齢社会は決して暗い社会ではないということです。

虚弱になっても住み慣れた地域で共に生きる社会というのは、大変ぬくもりのある温かな社会。そのような成熟した社会を、共につくっていきたいのです。

ただし、わたしたちに、あまり時間はありません。

団塊の世代が「後期高齢者」になるまでの15年といったある程度の期間内で、日本全国に新しいシステムが普及するよう成果を出す必要があるのです。

千葉県柏市での取り組みは5年程度の期間を念頭に置いていますが、全国への普及にはさらに時間がかかります。

これは時間との競争ですが、決して不可能なことではありません。

目標は、年をとっても、できるかぎり住み慣れた地域で元気に過ごすこと。

そして、弱ってもそこで安心して生をまっとうできる社会をつくることなのです。

2

長寿社会を支える「地域の看護ステーション」

——村嶋幸代教授が語る、長寿社会の「看護」

地域を看護する発想「訪問看護ステーションからの24時間ケアの仕組みづくり」

一般に、「看護」「看護師」という言葉を聞くと、病院の中で白衣を着て医療に携わる人を思い浮かべるでしょうが、ここでは、「訪問看護」「地域看護」について考えたいと思います。

「地域看護」とは、病気や障害をもった人が自分の住む地域で暮らすことを支える「在宅療養支援」から、人々が自分で自分の健康を保つことができるように導く「保健指導」や健康危機の予防まで、幅広い活動をさす言葉です。

この「地域看護」の領域は、次のように整理すると理解しやすいでしょう。

・「地域で看護する」＝地域で活動する保健師・看護師の活動
・「地域を看護する」＝在宅ケアシステムなどの構築・施策化
・「地域に向けて看護する」＝病院から地域へのシームレスなケアマネジメント（退院支援）

超高齢社会で「地域看護」がとても重要な役割を担うことは確かです。

いま、現場の訪問看護師や保健師と協同した実践的社会実験を通して、「24時間訪問看護・介護システム」「病院からの退院支援システム」の実現に向けた活動が始まっています。

それぞれの家が病室で、街の道路が病院の廊下、と考えてみてください。訪問看護ステーションは街の看護ステーションです。そこから患者さんの24時間365日の生活を考慮して、必要な時間帯に、必要な患者さんの所に看護師が訪問し、看護を行います。

入院していると、24時間365日、看護師が看ます。それを地域でも実現するのです。

ただし、いまの訪問看護ステーションは一つひとつの規模が小さいため、24時間ケアを実施する体制を維持することが難しく、経済的にも採算が合わないといった問題があります。

そこで、地域にひとつ、基幹型の訪問看護ステーションをつくることを提案します。

そのステーションが半径20キロの圏域をカバーして、地域の他のステーションとも連携し、24時間365日いつでも必要なケアができる体制をつくります。

昼間の訪問看護は各ステーションが行い、夜間の訪問看護は基幹型の訪問看護ステーションから行うのです。

また、24時間365日のケアシステムは、退院支援にも大きな役割を果たします。

一般に、退院後2週間くらいは心身ともに不安定です。病状の再発や悪化を防ぐためには、とくにこの間に適切にフォローする体制が求められます。

そこで必要なのが、病院での看護から地域での看護へと速やかにつなぐ仕組みです。看護には、予防的な機能があります。

病院から退院したら、そのまま訪問看護がケアを引き継いで悪化を予防する、再入院を予防する、そのような仕組みが絶対に必要なのです。

たとえばデンマークの在宅ケアシステムでは、看護師たちが日中だけでなく、24時間体制で在宅療養者のケアにあたっています。夜間帯の責任者も看護師が担い、病院などの施設ケアともしっかりと連携したシステムをつくり上げています。

１９９３年にデンマークを視察した時、24時間ケアの提供やシステム構築に看護師が深く関わっていることがわかりました。

そこで、１９９４年から１９９６年にかけて、はじめて24時間訪問看護のモデル事業をスタート、全国４カ所の訪問看護ステーションで試行を始めました。日本では、当時は、平日日中のみの訪問しかありませんでしたが、このモデル事業によってその効果が検証され、夜間や早朝の訪問看護を行うための報酬が算定されるようになり、先駆的なステーションに導入されていきました。

すると、在宅ケアを必要とする方とその家族の高い評価を多くいただいたのです。

必要とされる夜間早朝の訪問看護を安定的に提供するためには、訪問看護ステーションの規模が一定以上大きいことが必要です。そこで、2005年には、滋賀県の大規模なステーションと協同し、さらに、複数のステーションとの協同にも取り組み、点ではなく、面で地域の在宅ケアを支える段階まで進んできています。

今後は全国で、より多くの地域で地域特性に配慮しながら、こうしたモデルを構築できるよう推進していかなければなりません。

さまざまな制度上の制約もあり、決して簡単ではありませんが、実現に向けて実践的な研究が始まっています。

一人暮らしの高齢者を地域で支える

これからは、一人暮らしの高齢者が増加します。

地域が、高齢者の一人暮らしを支えることが必要でしょう。

そのためには、家族、ボランティア、保健師、看護師など、地域の人々の連携、協力がとても重要です。家族やボランティアは、高齢者の生活の質を豊かにします。

一方で、病気の悪化を予防したり、必要なケアをするのはプロの役割です。対価を伴うプロの仕事とボランティアや家族のケアを上手に組み合わせてメリハリをつけることが、良いケアとなります。

ケアする側が訪問することと、高齢者が街に出るのを支援すること、つまり訪問と通所のバランスも重要でしょう。

しかし、それでもやがて、自宅では暮らせなくなる高齢者も出てきます。

その人たちの「終《つい》の住処《すみか》」をどこにするかという問題も、解決されなければなりません。最期の場所が、いままでのように病院と自宅に限らず、今後はグループホームや特別養護老人ホームなど、いろいろな場所になってくるでしょう。

最期の「看取り」をどこで、どのようにするのか。その仕組みをつくることも必要です。そのためにも、看護がいろいろな施設や高齢者の居住の場に入っていけるようにする体制づくりが必要で、目下、それを進めています。

いま、訪問看護ステーションの所長たちが自分で家を買って、家主として看護が必要な人を迎え入れて支える試みや、小規模ながらデイサービスと宿泊機能を伴うサービスを提供する試み（小規模多機能事業）が出てきています。高齢者の住まいを訪問するだけでなく、高齢者の生活の場所自体を提供、経営していくような形での貢献です。

今後、そのような取り組みももっと増えてくるでしょう。

いままでは、特別養護老人ホームや有料老人ホームなどの介護施設では、医療が必要になると、手に負えなくなってしまうということが多くありました。

しかしこれからは、医療が必要になっても、住み慣れた場所でずっと同じように生活を続けることができるようにしなければなりません。

そういうことを含めて、地域の高齢者が必要な看護や医療を受けることができているか、高い質の看護を受けることができているかをウォッチして質の保障をする、そのような仕組みが地域に必要です。

それは、行政に大いに期待したいところです。

行政は、自分の地域を、住民が必要な看護を受けられるように整備していく責任があります。

医療機関を整備していくように、訪問看護サービスもきちんと提供できるように整備していくことが必要です。

それは、保健所などの行政が取り組むべき公衆衛生の課題です。保健所や市町村の保健師が率先して取り組んでいただきたいと思いますし、是非とも一緒に進めていきたいと思います。

保健、医療、看護、介護がつながるシステムをつくろう

「健康で長生き」の実現のためには、高齢者が自宅に閉じこもらないで交流がある、そんなソーシャルサポートが多い状態がいいといわれています。

高齢者同士はもちろん、子どもなど他世代との交流を実現して、地域の健康づくりを進めていくことが大きな課題です。

この課題を解決するためには、行政の保健師や地域包括支援センターが地域にネットワークをつくって網を張り、見守りの機能を充実させていくことが重要です。

地域におけるケア資源である病院の看護と訪問看護、そして介護職やボランティア、社会福祉協議会などが連携して動く体制が構築できるかどうかがポイントです。

一方で、ケアを効果的・効率的に行っていくために、先ほども触れたように、看護職と介護職が一緒に働く仕組みをつくることが必要です。

いまはヘルパーステーションからヘルパーが行き、訪問看護ステーションから看護師が行くようになっています。ケアを受ける人はどちらにも料金を払わなければならないし、それぞれ別の組織ですから、管理するのがとても大変です。

本来は、これを融合させてしまえば、効果的・効率的なのです。

そこで、これを一緒に運営し、訪問看護ステーションでヘルパーを雇用し、一緒に訪問す

る仕組みをつくったり、ケアマネージャーがいま以上に医療のことをわかるようになったり、あるいは医療職である看護師が「医療の必要性」と「生活」をマネジメントするような仕組みが必要だと考えています。

モデルとして、いま訪問看護ステーションでヘルパーを雇って一緒にケアをしていますが、報酬面などで難しい問題もあるのが実情です。看護制度と介護制度を包括的に扱えるシステムの構築が求められています。

そのためには、診療報酬を含めた医療・介護システムの改革も必要でしょう。一つひとつ、取り組みを始めています。

また、看護職同士の連携も、いままで以上に大切になってきます。病棟での看護師、退院支援部署の看護師と、訪問看護ステーションにいる地域の看護師。そして、市町村の保健師と、保健所の保健師。みんなが手をつないで連携し、地域の高齢者をより健康にして健康障害を予防し、重症化を防いでいく仕組みが必要になっています。

それが実現すれば、退院後などに看護師が迅速に訪問することで医療処置ができ、入院期間を短縮できたり、ガンの痛みを緩和できたり、緊急事態に対応したりと、多くの方を支えることができるようになります。

長寿社会の看護師・保健師は、地域のスーパーマネージャー

わたしたちの地域看護のお手本にもなっているデンマークでは、患者さんのケアに関するマネジメントを看護師が行っています。

また、75歳以上の人には年に最低2回は訪問して、きちんとアセスメント（査定）をして、必要な手配を行い、予防をしています。

日本でも、そのようなシステムをつくっていくことがとても大事です。

看護師は、医療職の中での、最大の職種です。

保健師も、公衆衛生などの中で最多数の職種です。

その人たちの質こそが、これから将来の保健医療のあり方に大きく影響します。

逆にいえば、看護職が超高齢社会にできることは、とても幅広いといえます。

予防活動の充実による健康づくり。医師の負担軽減。科学にもとづいた、効果的なケアマネジメント。潜在需要を推計した、新たなシステムづくり。

世の中を改革するのに必要なことは、「データと先鋭的な事例」だということがいわれています。いま看護の現場で行われているのは、まさにそれなのです。

あの有名なナイチンゲールは、戦場での「白衣の天使」のイメージが強いですが、実際には看護現場の統計を通じて国のシステムを改革した「統計の達人」でした。ナイチンゲール

の「DNA」は、脈々と受け継がれています。

病棟での個人の看護から、社会全体の看護へ。

「待っている看護」から、「仕掛ける看護」へ。

看護師・保健師が超高齢社会の「頼れるマネージャー」になるべく、さまざまな試みが始まっています。

3

伊福部達教授が語る、長寿社会の「テクノロジー」――長寿社会を明るくする福祉工学

日本の科学技術で、超高齢社会を救う

超高齢社会に対して多くの人々が漠然と抱く不安の中には、高齢化による身体機能の低下があるのではないでしょうか。

社会全体のリスクとしては、身体機能が極度に低下したいわゆる「寝たきり」の高齢者が増えることにより、生産性が下がってしまうことはもちろん、介護や医療費、社会保障費の負担が増えることになります。

また個人のレベルで考えても、足腰が弱ってしまい寝たきりの状態では、QOL（Quality of Life：生活の質）が保たれるはずもありません。

その解決策のひとつが、医療・福祉技術です。

老化による身体機能の低下を、ロボットや機械によってサポートする技術が生まれてきています。

少し膝を痛めてしまったことで外出ができなくなると、それがきっかけで寝たきりになってしまうということがあります。しかし、先進の技術を駆使したアシストロボットによって膝への負担なく歩くことができれば、その人は寝たきりになる必要はないのです。

医療・福祉技術を活かす方向性は、大きく2つに分かれます。

ひとつは、「高齢障害者」＝重い障害や疾病を抱えた高齢者を対象にした技術の開発です。医療・福祉技術によって身体的な負担を軽減し、病院ではなく住み慣れたわが家で自立した暮らしができるように高齢者支援をすること。いかにQOLの向上を図れるかがポイントです。

2つめは、「元気高齢者」＝比較的軽い障害や疾病をもつ高齢者を対象にしたものです。これは、できるだけ社会に出て活動できるように、余暇支援や就労支援をすることがポイントです。高齢者が生きがいを見出すことを助け、働くことによる経済貢献にも寄与します。

想像以上に進んでいる「見る」「聴く」「話す」を助ける技術

医療・福祉技術が果たすべき役割は、生活に必要な「移動」「情報獲得」「コミュニケーション」を支援するということです。

「移動」では、車いすや人工の手足のように移動や運動機能を支援する技術。これは自動車やロボットの活用の仕方がポイントとなります。

「情報獲得」では、補聴器、メガネ、人工の目や耳のように情報取得の機能を支える技術。これには、センサーや携帯電話が重要な役割を示します。

そして「コミュニケーション」では、大脳の疾患に起因する認知障害、失語症、記憶障害を支援する技術です。これは、コンピュータと脳のインターフェースが鍵を握っていると考えられます。

このような、高齢者を支援する技術を「ジェロンテクノロジー」といいます。

このうち、たとえばわたしたちの身近なテーマである「見る」「聴く」「話す」を助ける技術について見てみると、その科学は想像以上に進んでいます。

「見る」のを助ける技術としては、たとえばメガネから直接脳の視覚領野に電極をつなぎ、電気刺激によって視覚を補う技術研究があります。近い将来には、全盲、あるいはそれに近い人のための「メガネ」が発売されるかもしれません。

「聴く」のを助ける技術としては、私は、30年以上の研究の成果として、コンピュータとインターネットの技術革新を活かした「音声自動字幕システム」の研究を進めています。

音声を自動認識して文字化する技術は、話者のクセに対応するのがとても難しいものです。どうしても間違いだらけになるし、人が変わって音声が変わると、対応できなくなるのです。

そこで、まず話者の音声を別の場所に送り、専門の復唱スタッフが言い直して自動的に文字化し、テキストとして話者のところに送り返すというシステムを開発しました。これは、すでに国際会議における自動字幕システムとして実績を重ねています。

このシステムの長所は、コンピュータとインターネットの進化により、話者・文字化スタッフ・字幕を読む人が、それぞれ世界中のどこにいても運用可能だという点です。この技術を広めていくと、聴覚障害の方を広くサポートできるとともに、「文字化スタッフ」が、在宅での高齢者や障害者の雇用機会になる可能性があるのです。

また、聴神経を直接電気で刺激する研究、人工内耳の研究も進んでいます。これは保険の適用もできるようになり、いまは普通の臨床治療法として広く使われています。

そして、「話す」を助ける技術についても、私は研究を進めています。

九官鳥やインコの声の波形自体は、人間と全然違います。しかし、それでも人間の耳には喋っているように聞こえます。これは、脳が人間の声として処理しているからです。

また、たとえば「パ」「バ」「マ」という音は、人間の場合は口を閉じなければ絶対出せません。にもかかわらず、なぜ九官鳥やインコは、口を開けたまま破裂音のパとバとマが出せるのでしょうか。

その理由が判明したのは、意外なところからでした。テレビで有名な腹話術師を見たのがきっかけだったのです。この腹話術師の方に研究への協力を依頼すると、「役に立つならぜひ自分を調べてほしい」と協力してくれたのです。

ポイントは、イントネーションとちょっと特殊な発声法でした。

この研究成果を活かして、人工喉頭や機械を使った発声法などの研究が進んでいます。

身体機能の低下した高齢者や障害者を助ける技術は、着実に進歩を続けています。

それは「まるでSF小説のような未来」を実現するだけではなく、高齢者や障害者の社会参加、雇用機会を生み出すことにもつながっていくのです。

IRT（情報ロボット技術）とICT（情報コミュニケーション技術）

医療・介護技術に不可欠なのは、IRT（情報ロボット技術）とICT（情報コミュニケーション技術）です。

まず、IRT（情報ロボット技術）について見てみましょう。

在宅の高齢者を支援するIRTとしては、ユーザーに接触する必要がない自律型ロボットと、義手のように、ロボットの一部が身体に接続するロボットがあります。

自律型ロボットは周囲の状況を把握し、何をすれば誤作動なく目的を達成できるかを判断し、そのうえで行動できるようにするもので、いま積極的に研究が進められています。身体に接続するタイプのロボットとしては、人の身体特性や心理特性を十分理解したうえで技術開発を進めていく基礎研究が不可欠です。近い将来は、歩行支援ロボット，移乗介助ロボット、食事支援ロボット、救助支援ロボットなども夢ではありません。

次に、ICT（情報コミュニケーション技術）です。

運動機能よりも感覚や脳の障害を支援するICTでは、会話や手話の支援、空間認知やナビゲーションの支援、しぐさや表情による情報のやりとりなどがテーマです。

ユーザーの意図を表す情報をコンピュータが理解し、ユーザーにわかるように情報で答えるというコミュニケーション能力が必要とされます。ユーザーの意識下にある意図までも汲み取り、ユーザーに寄り添うように、あるいは身体の一部となって感覚を支援することが理想です。

これらのジェロンテクノロジーを実現するためには、従来のタテ割りの研究活動を改革し、他分野との連携を図ることが不可欠です。

たとえば、脳神経・認知行動の研究者とロボットやバーチャルリアリティの設計・開発者が協同で研究開発に取り組む。そのような活動が求められています。

超高齢社会を解決する技術の開発は、社会と企業にとってのビジネスチャンス

いま西欧諸国では、公的福祉サービスを効率化することで、世界に先駆けたビジネスモデルを構築しようとしています。しかし、このモデルでは租税に頼る比率があまりに高く、日本にそのまま導入することは難しいでしょう。

もともと、日本は製造業を得意としてきた国です。

競争原理による技術革新を押し進めてきました。その知恵や技術を活かし、医療・福祉技術にもとづいた新たな産業と雇用を生み出すことができるのではないでしょうか。

ただし現状では、こうした技術開発にたとえ企業が取り組んだとしても、採算がとれずに製造中止になる場合が多いという課題があります。したがって、これを実現するためには、企業が開発事業を継続・拡大できるようにするための、制度改革が必要となります。

また、この分野には大企業だけではなく、「多品種少量生産型」の中小企業の参入も必要です。医療・福祉産業を日本の基幹産業のひとつにするために、数多くの小規模企業の参入を促進するための施策が求められています。

さらに、本来、高齢者や障害者のための医療・介護技術は、「あらゆる人にとって使いやすい技術・商品」＝「ユニバーサルデザイン」としての展開が可能なはずです。

そのような観点から、より広いマーケットを対象とした商品・サービスを開発するという

発想が必要でしょう。

みんなが使うものにすると、安くなります。その結果、本当に必要とする人にも行き渡るというわけです。医療・介護技術の商品化には、そうしたビジネスセンスも必要とされるのです。

医療・福祉技術を実現する企業が多く生まれることになれば、雇用創出の面からも社会経済へ大きく貢献することができます。それはやがて、同じような課題に直面するアジア諸国への輸出産業となり、日本の経済的繁栄にも寄与します。

中国は、65歳以上の高齢者がすでに1億人を超えています。これから急速に高齢化するアジアを医療・福祉技術の大きなマーケットとして位置付けることで、経済発展に結び付けることが可能なのです。

医療・福祉技術の発展は、超高齢社会における高齢者の生きがいの倍増と、社会全体の雇用拡大、そして社会保障費負担の軽減を実現するのです。

［コラム］

豊かな長寿社会への取り組み②
医療費等の地域差の分析

東京大学高齢社会総合研究機構では、岩本教授・甲斐教授らが、学習院大の鈴木教授らと、福井県の市・町の協力のもと、医療・介護・健診のレセプトデータの分析を行っています。

2008年の特定健診のデータ約3万件からは、血圧や糖尿病関連の検査値が全国平均より良く、福井の健康長寿を裏付ける結果になっていたり、県下の地域ごとに分析するとメタボ関連、糖尿病関連など項目ごとに、いい地域と悪い地域があることがわかりました。

これらをもとに、地域別の健康増進策を展開することができるのです。

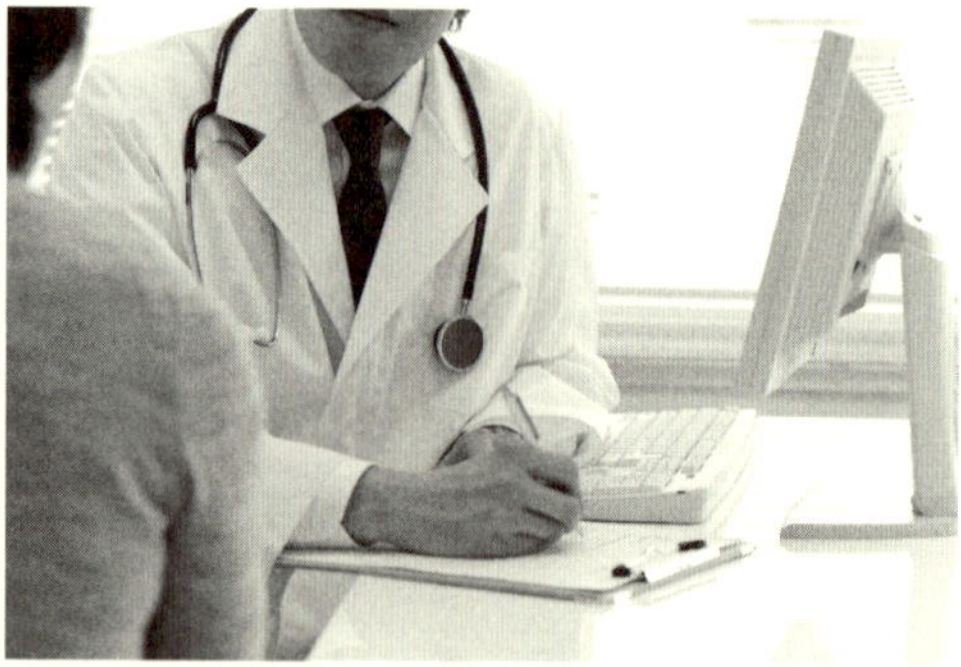

写真はイメージです

第5章

超高齢社会への東京大学の挑戦③

「いきいきした街」をつくろう

1 未来を照らす長寿社会の水先案内人
――大月敏雄准教授が語る、長寿社会の「まちづくり」

敷地・住宅の所有概念の転換で新しい住まい方を探る

かつて日本には、「田舎」や「下町」という言葉に象徴されるような、代々住みつがれ、成熟した住環境がありました。そこで子どもは、高齢者や障害者などとも自然にふれあいながら育っていたのです。

それが、昭和30年代以降に大きく変容します。

地方から都心へ、当時「金のたまご」と呼ばれた賃金労働者が、未曾有の規模で大量に流れこんだのです。この人たちの住宅を、大至急つくらなければいけない。そこで、郊外に次々と新興住宅地が開発されました。区画整理などの都市計画的手法で、主としてベッドタウンの機能を持つニュータウンをつくっていったのです。

この郊外都市には、団塊の世代前後の人々が中心となって移り住みました。

いま日本の都市が抱えている問題は、このときに開発されたこれらの街が、今後も代々住み継がれる循環型の街として残っていけるかどうか、ということなのです。

日本では、人口が減少する中で、高齢者が増えています。人口ピラミッドでいえば、釣鐘型から、逆三角形のようないびつな形になりつつあります。

こうした流れの中で、たとえば「コンパクトシティ」というまちづくりの考え方があります。都市が広がっていくのを抑制して、歩いて行ける程度の生活圏を単位としながらコミュニティをつくり、住みやすい街をつくろう、ということです。これは考え方としては正しいのですが、残念ながらその実現には、多大な労力と時間がかかるでしょう。その間をどうしのぐかも、当然、現実的課題となります。

郊外のニュータウンが、なぜ昔の村や街のように成熟しないのか。

それは、「住宅問題の解決とは、ひとつの敷地の上に、ひとつの住宅をつくり、そこにひとつの家族が住むことだ」という、いままでは当たり前のようにまちづくり・住まいづくりの前提とされていた考え方が、いまとなっては機能しなくなっているからだと思います。

戦前にできた同潤会アパートを調べてみると、興味深いことがわかります。

戦後、多くのアパート住民は住みつづけるために改築や増築をしてきたのですが、そのもっとも「手軽」な方法として、アパートに空き住戸が出たらそこも使う、ということをしているのです。したがって、ひとりで何部屋も持っている人がいたりします。あるいは、親や子どもが空き家に入居する、というようなこともあります。そのことにより、結果的に核家族ではなく、拡大家族という形で、アパート内の複数の住戸を駆使しながら住みつづけるということが実現しているのです。拡大家族による地域分散居住といえます。

また、バブル期に建設された超高層分譲マンションを最近調べているのですが、全住戸数のほぼ1割に近い世帯で、ひとつの「拡大家族」が複数の住戸を所有していることがわかりました。超高層マンション内で近居（親子などが近隣に居住すること）することによって、親子が生活上の課題を補い合っているのです。

こうした、ひとつの家族が、一定のエリア内で複数の住宅に住む、親子の「近居」という住まい方は、行政が捕捉しているデータや市販の住宅地図には決して現れないのですが、実態として多くの住宅地で見られます。

こうした意味で、「ひとつの家族にひとつの住宅をあてがう」という考え方自体が、もはや実態に合っていない可能性が高いのです。

さらに、いま郊外に空き地がとても増えていて、地域の荒廃を招くなど、社会問題化しています。

しかし、考え方を変えてみると、土地がたくさん余っているのであれば、需給のバランスで空地は安くなるわけですから、ひとつの家族が、近隣の土地を買い足しながら、拡大家族として住み続けるということも不可能ではありません。

以前調べた茨城県のある民間開発の団地では、団地全体の半分の区画しか家が建っていません でした。一区画を、ちょっとした高級車を買うくらいの値段で売っています。

そこで、この団地のあるお宅では、隣の土地を買ってそこでお店を始めたわけです。すると、そもそも住宅団地はほとんどお店がないので、予想以上に儲かった。その利益で、また隣の土地を買って自家菜園をやり、さらに、道の反対側に子ども夫婦の新居兼子どもが開設するクリニックを建てた。そして、店とクリニックのお客さんのためにさらに空き区画を買って駐車場としています。

このように、土地が安いところでは二世代、三世代の拡大家族が複数の敷地・住宅を使って、地域に定住していくという現象を無視できないと思っています。

「一家族＝一住宅＝一敷地」を絶対的な前提と考えていると、「空き地が増えて問題だ」ということになりますが、「一家族＝二住宅＝二敷地」、あるいは複数の家族が共同したりして「一家族＝一・五住宅＝三敷地」のような住まい方も発想できるはずです。

いろいろ調べてみますと、ざっと1割から2割程度の人が、このような「近居」をしているのではないだろうかという調査の結果を得つつあります。

近居のよさは、親が若いときには孫の面倒を見るのを手伝い、孫が大きくなると、子と孫が逆に親の生活支援的な世話をすることができる。何より、親は孫の世話をするのが一般的にはうれしいし、孫にとっても、さまざまな年代の人間に触れ合うことは教育上いいわけです。逆にいえば、こうした生活上の実質的メリットがあるからこそ、少なからずの人が近居を選択しているのです。街や住宅の条件が整えば、近居はもっと増えるかもしれません。

一方で、各種推計によれば、今後全国的に身寄りのない高齢者が増えていくわけですが、地域の居住者どうしが、家族には遠く及ばずとも、一種の疑似家族的に見守り合う仕組みが地域に用意される必要性も高まります。

他人の子どもを預かる「子育てサポート制度」や「保育ママ制度」のようなプログラムも、こうした地域社会を形成していくうえでの大きなテコになりそうです。

だから、コミュニティもやはり重要なのです。

建築によって街の人口構成を誘導する——地域循環居住と居住誘導計画

超高齢社会におけるまちづくりを考えるにあたって、かつての成熟した街のように、地域にさまざまな年齢や属性の人々が住み、そうした人たちが適度に街の住宅ストックを使いまわして循環して住んでいく、そうした現象を「地域循環居住」と呼びたいと思っています。

地域循環居住が現象として持続するような街をつくりだすために、地域の中での人口構成を誘導するようなプログラムをつくれないだろうか、ということを研究しています。それは、いってみれば「居住誘導計画」とも呼べる考え方です。

同じようなタイプの戸建て住宅ばかりの街では、同じような属性の人が集まる街になってしまいますから、一定期間経過すれば、全体が一挙に高齢化してしまいます。

そこで、多少の空き家や空き地が出たとき、たとえば、いまはやりのシェアハウスを建てて学生を受け入れるとか、2つの空き地を合わせてテラスハウスを建てるなどすれば、若い世代が入りやすくなります。逆に、庭や縁側が充実したどっしりした家を建てれば、中高年の方々が集まってくるでしょう。

住宅には、デザインや価格、広さや付帯サービスなどで、異なる属性の人々を惹きつける能力があります。

こうした、住宅のもつ「特定の人々を選好的に惹きつける能力」を住宅の「アトラクティビティ」と呼んでもいいかもしれません。こうした能力を、耐震性や断熱性と同様な、重要な建築性能のひとつとして位置づけることも可能でしょう。

また、地域循環居住の実現のためには、行政の手助けも必要です。

そのために、従来の都市計画規制等とは異なった形での、居住誘導計画を考えてもいいでしょう。ある特定の地域に対して、あらかじめ人口構成をこのようにしようというビジョンを描いて、そこに誘導していくような住宅立地計画を、「住宅のアトラクティビティ」をもとに計画し、計画に沿った住宅建設にはインセンティヴ（特典、メリット）を与える、などといったことが、行政手法として考えられます。

一方で、地域循環居住を促進するためには、税制や法律の改変も必要となるでしょう。「一家族＝一住宅＝一敷地」からの脱却とは、住まい方の提案でもありますが、所有概念の見直しに関連することでもあります。

場合によっては、住宅や敷地の利用の権利を、ほかの家族とともにシェアしたほうが合理的だという場面も出てくるでしょう。このときに、個人の住宅や敷地といった、固定資産的財産をどうやって地域に対してオープンにして、地域の共通の福祉のためにシェアしていくことができるのか、ということが具体的な課題なのです。

地域に引き続き住み続けたい、あるいは近居を通して拡大家族として定住を図りたいといったようなニーズ、さらには、疑似家族的に地域の高齢者・障害者を支援するための拠点をつくりたいというようなニーズに対して、誰も住まなくなった住宅や敷地をどのように地域に開いていくかが、今後の住宅地の課題になるわけですが、そうした、住宅ストック流通を円滑にするための税制等の改正も必要と思われます。

街をつくり直すノウハウが、ビジネスチャンスになる

私の研究室では現在、日本各地の住宅地で、町内会・自治会・管理組合・住民組織がどのように住宅地をメンテナンス・マネジメントしているかを調査しています。団地の空間には基本的に、「公」的な空間と「共」的な空間、そして「私」的な空間があります。

これらの空間のメンテナンスのされ方を調べてみると、必ずしも公空間だから公共がメンテナンスをしている、共空間だから町会などの共同体がメンテナンスをしている、私空間だから、個人がメンテナンスをしているという構図にはなっていないケースが多いことがわかります。たしかに、街をつくる段階では、公共私の空間をそれぞれの主体が管理することが予定されていたのですが、実態としては、公・共・私の垣根を越えて、街が運営されているのです。

公の主体である行政にお金がなくなると、公園里親制度などが出てきます。これを共同体や個人が引き受けているわけです。制度化されていなくても、自発的に公園や街路樹の手入れをしている個人や団体はたくさんあります。しかも、それが生きがいや商売に直結することもしばしばです。

一方で、「私」の空間はこれまで、荒れ地になろうがボロ屋になろうが、放火の危険性が

あっても、ゴミ捨ての危険性があったとしても、誰も手をつけらませんでした。日本においては「私有」は絶対不可侵という風に観念されているからです。しかし、最近では、空き地・空き家の増加に伴って、私空間の管理が地域の共通の課題になってきています。

こうしたことに対して、現実ではすでに、たとえば町内会レベルで空き家の地主と交渉し、場合によっては、共同体で個人の空間の手入れ（草刈りや最低限の庭木の剪定）をする、といったことが行われているところもあります。個人の財産であっても積極的に共同体や他の個人が関与して、地域の公共のために個人の財産を「耕して」いる。そういうことが始まっているのです。

公・共・私の管理区分の壁をどう乗り越えるか。それがわたしたちの課題です。

住まいをどう開くかだけでなく、地域空間のいままでのメンテナンスのあり方自体を見つめ直し、高齢社会に立ち向かっていくための地域資源として空間を再活用するために、公・共・私の管理のあり方を、考え直す必要がありそうです。

これからは街を新たにつくる仕事は減り、街をつくり直す仕事が、小さいレベルでどんどん増えていくでしょう。そのノウハウを蓄える必要があります。それが、今後のビジネスチャンスにもなりえるでしょう。

いままでは世界のどこにも、そんな教科書はありませんでした。日本がこれらを技術化し、体系化すれば、今後同じ問題に直面する国々にも役立つのではないかと思います。

超高齢社会の不安を解消するための「ワンストップ相談窓口」

こうしたいきいきした社会を実現していくためには、ひとつ解決しておかねばならない問題があります。

ほとんどの人がもっている、自分の親や自分自身が年老いて元気でなくなったらどのように暮らしていけばいいのかという、高齢化というものに対する「漠然とした不安」をどのように解消したらいいいか、という問題です。

この漠然とした不安は、「人間関係を含めた自分の資産」と「自分が住んでいる地域における介護・医療等の福祉サービス」に適合した、「自分に適した住まいのイメージ」をはっきりと描けないことによって生まれてくるものと思います。

したがって、「自らの資産状況、家族との関係、近隣との関係」と「住みたい地域における福祉サービスと選択可能な住宅群」を筋道だって結びつけ、その人に適した老後の住まいのイメージを明確に与えることで、漠然とした不安は少なからず解消されるでしょう。

そうしてはじめて、誰かのお世話になるまでの間は安心して、自己実現に励むことができるわけです。自己実現は「誰かの世話をする」ことによって得られることも多いでしょう。

このとき、自分の孫や近所の子どもの世話をする、地域の空間管理や運営に寄与する、こうしたことを通して、人に感謝され、そのことが楽しみで、それを続けたくなる。こんな生きがいの循環が、地域で形成できればと思います。

つまり、自分の将来の住まい像を見通しよく描けるための相談窓口が、少なくとも身近にあることが、じつは、超高齢社会を明るくするための第一歩だと思うのです。

しかし現実は、特養や有料老人ホームのような「施設」としての住まいの情報は、不動産業では扱っていませんし、資産処分、相続、契約、住宅改修等々の話は、それぞれの専門家に個別に頼らなければなりません。こうした専門知識と情報をワンストップ的に集約した、「長寿社会の水先案内人」のような相談窓口が、今後の超高齢社会に不可欠な、地域社会のインフラのひとつにならなければいけないと思っています。

2

牧野篤教授が語る、長寿社会の「学び」
――学びが明るい人生と豊かなコミュニティをつくる

これからの社会における「学び」のあり方

偏差値世代の若者を「新人類」と呼んだのも、もう30年以上も前のことになります。彼らは詰め込み教育をまともに受け、厳しい進学競争の末に、安定した職を勝ち取ったはずでした。しかし、家庭も顧みずに働きつづけたにもかかわらず、１９９８年、大企業のリストラ旋風が吹き荒れはじめ、彼らもその嵐の中に巻きこまれてしまいます。

このような社会は、元気なシニア世代の人々の生き場所を奪ってしまいました。従来なら大企業を定年退職した人々は、年金がもらえる65歳くらいまでは系列の下請け企業などに再就職して、元気に活躍できたはずでした。しかし、若年層の就労すら困難である現在、定年退職者の道もふさがれることになってしまいました。

中高年男性の厳しい就労状況は、若者の状況とも重なり合います。

２００８年のサブプライム問題に端を発した世界同時不況で、一時上向いたかのように見えた学生たちの就職状況は、再びどん底へと落ち込んでいます。

派遣労働者の増大、雇用なき景気回復、貧富の格差の拡大。

いまや賃金労働者のうち非正規社員は3割、1700万人を超え、そのうちの70%以上の人々が、年収200万円以下のワーキングプアともいわれています。

教育は、子どもたちに、自分の人生の主人公になることを教えてきたはずでした。

しかし、ここに来て子どもたちは、職業を得るという生活にとって最も基本的なことが、自分の力ではどうにもならないことを経験的に知ってしまっています。

この状況の解決のために、大学が果たすべき役割には大きなものがあると考えています。

大学という研究の場を、これからの若者やシニア世代の方々など、社会に還元するべき時が来ているのです。

自分の力で、自分の人生を切り拓き、幸せを築いていく。大学が中心となってそのための支援を進める必要があります。

知を、生きる力に変えること。

これこそが、知的共同体として大学が担うべき役割ではないでしょうか。

これからの超高齢社会において、人々が自分の人生を豊かに歩んでいくためにこそ、その知的資源を開放し、社会に還元することが大学には求められているのです。

学びで地域のつながりを回復しよう

超高齢社会における教育の役割を考えるにあたり、いま3つの問題があります。

ひとつは基礎自治体の疲弊です。

平成の大合併で、以前は3000以上あった基礎自治体が、1700ほどにまでなっています。各地で大規模な広域の自治体ができているのですが、その陰で、その大きな自治体に吸収された地域や小さな自治体が疲弊、解体していく現象が起こっているのです。

これは中山間地域の自治体に限った話ではなく、都市部における失業問題や、都市内部の「限界団地」といわれているようなニュータウンなどの高齢化した団地の問題とも根を同じにするものです。

2つめは、国家財政と地方財政の赤字の問題です。

国や地方の借金が増え、福祉領域から撤退せざるを得ないという議論が花盛りです。個人の負担がこれから増えるかもしれません。

ただ、日本はもともと、ヨーロッパ型のように大きな福祉国家ではありません。どちらかというと企業が福祉を担ってきたのです。所得の再分配についても、国家が税金によって再分配するのではなく、企業が従業員にできるだけ均等に給料を配ることによって行われてきました。

そうした方法で格差の小さな社会を築いてきたのですが、それが平成大不況、経済のグローバル化と構造改革の中で、そのような所得分配のやり方をやめてしまい、多くの失業者、またはフリーター、派遣、不安定雇用が増え、大量の退職者が出てくる状況を生み出すことになりました。

従来の、企業が一定の役割を担ってきた形での福祉が、もう十分に機能しなくなっているという問題があるのです。

3つめに、人々と周囲との関係が切れていく、孤立化という問題があります。

これは、たんに高齢者の問題ではなく、若い人たちの孤立も社会問題化しています。

こうした中で、コミュニティの自治組織である自治会や町内会というものが機能しなくなってきています。

行政サービスを届けるときに、いままでは町内会など、末端のいろいろな自治組織が関わってきたのですが、この機能が失われ、結果的に人々が的確な行政サービスを受けられなくなってきています。

また、こうした行政サービスにとどまらず、人々が孤立化すると、自分がこの社会にきちんと位置付いているという感覚が薄れていく、という問題も生じます。人々が相互に気遣い合うという関係が壊れて、いわゆる「無縁社会」が広がっていくのです。

このような状況を変えるために、教育や学習を通して、お互いが関心を持ち合えるような環境をつくる、という試みが始まっています。

学びによって、お互いがケアし合い、気にかけ合うような街をつくる。その中で、高齢者が新しい役割を獲得して、いきいきと生きていけるようなコミュニティをつくる。そのような取り組みです。

千葉県柏市で始まっている、学びによるコミュニティづくり

たとえば千葉県柏市の高柳という地区には、東京大学と行政が協同して実験的に行っている、「柏くるる」という生涯学習によるまちづくりプロジェクトがあります。

「くるる」とは「きく」「みる」「する」の語尾をとったネーミングで、地域の高齢者を中心とした人々がいきいきと地域社会で循環するというイメージを表しています。

これは、ある程度幅広い年代層をターゲットに、地域の人が学びの場に参加することで自然に交流を育み、仲間をつくり、ネットワークを広げて、そこからボランティア活動につなげていこうという試みです。

1回セミナーをやってそれで終わり、やりっ放しというのではなく、5回のシリーズ講座とし、講座の過程でも、受講者が相互に交流する仕掛けを組み込み、受講後も受講生の自主

柏くるる活動風景／男の料理道場「男道倶楽部（めんどうくらぶ）」

活動を支援するという仕組みになっています。

たとえば、「男の料理教室」の受講生が、将来は高齢者施設へ弁当を届けるようにする、あるいはアロマッサージの講座の受講生たちが自分たちを「アロマドンナ」と名付けて高齢者にマッサージを提供しつつ、傾聴ボランティアをするというような活動が行われています。

柏市高柳地区は都市近郊のベッドタウンで、ここ30年間ほどで急速に大きくなった地域です。東京などに通勤していたサラリーマン家庭の方が7割ほど、15％が地元の人や農家で、残りの15％がここ数年で転入してきた人々です。

この人たちが、自分たちで新しいふるさとをつくろうと、いままでもさまざまな活動をしてきました。この地区は、自治会や子ども会、ＰＴＡ、さらには消防団や老人クラブなどのいわゆる地縁組織がしっかりと残っている一方で、住民のさまざまなボランティア組織が活発に活動している面白いところです。

一番大きいイベントは、高柳祭りという盆踊り大会です。

これは実行委員会をつくり、小学校の校庭でやるお祭りですが、人口が1万人ほどの地域にもかかわらず、2日間で2万人以上の参加があるそうです。地元の企業や商店のみなさんが、いわゆる「手弁当」で、地域のお祭りを盛り上げています。

しかし、その中心にいる人たちは危機感をもっています。

それは、「30年間ずっと、自分たちの子どものためにふるさとをつくろうとがんばってきたが、気がついたら自分たちが高齢化しつつある」という危機感です。

そこで、「柏くるる」をベースにしながらいろいろな世代が交流できるような、新しい仕掛けをつくりたいという動きが生まれました。

これを東京大学がサポートし、「多世代交流型コミュニティ」と名付けた、子どもたちと中高年者、それから高齢者が「ざわざわ」と共存する、そのようなイメージをもった活動が始まっています。

まず着手しているのは、拠点づくりです。

地主の方、建築関係の人々、そして行政が、知恵や資産や労働を提供し合って、コミュニティ・カフェをつくろうと動き出しています。

このコミュニティ・カフェで「柏くるる」のような講座を開き、高齢者はもちろん、若い人たちや学校帰りの子どもたちも集まってくる場所にしようと構想しています。

さらに将来的にはそこでお互いに見守りをしていけるような関係をつくっていけるような、いわば「人間関係づくり」の拠点として機能させることを考えています。

実行委員会には、地元の町内会、ボランティア組織、それから、小中学校の校長とＰＴＡの関係者など多彩な地域のアクターが参加しています。

お互いが勉強し合い、ケアし合えるような街をつくろうという意志のもと、街の人々がそれぞれのできることを始めているのです。

サステイナブルなコミュニティにするために

ところで、これは都市部の孤立化の問題、不況の問題とも関わることですが、企業による福祉から、いわば排除されている若い人々がたくさんいます。

それは、フリーターや派遣の人たちです。

彼らが職を失い、大都市にいられなくなったときにどうしているのかを調べると、地元がない人たちは、都市に滞留していますが、地元がある人は地元に帰っています。

つまり、中学校時代のネットワークが生きていて、そこに居場所を見出しているだけでなく、そこで生活の糧まで得ているような事例がたくさんあるのです。

高柳地区でも、そのような状況があります。

地元の企業や商店で、若い人が半年間、あるいは1年間という短い仕事を繰り返していきながら生活できるようなネットワークがあるのです。

つまり、仕事と居場所があれば、若い人も帰ってくるということです。

そこで、これからの超高齢社会を見据えた多世代交流型のコミュニティの中で、若者が働けるような仕組みをつくるために、その第一歩として若者向けのさまざまな研修の機会や、新しい産業を興していくためのセミナーなどを提供することも、高柳地区のプロジェクトでは模索しはじめています。

これは、たとえば地元に農業があるからそのまま農業をやればいいという話ではなく、新しい形の農業をつくる、あるいは農業を使った新しい産業をつくる、農業を基本とした新しい生活スタイルを発信する、そういった若者を支援する形がつくれないだろうかという試みです。

このような活動を通じて、従来の閉鎖的なコミュニティではなく、開かれていながら、お互いが気を遣いながら見守っていけるような関係をもつ街をつくっていこうとしているのです。

このような、学びの機会を通して街のあり方を変えていこうという取り組みを進める中で、いま高柳地区で新たに議論されはじめていることは、これが一世代進むとどうなるのかということです。

いまボランティアで活動している人々も、やがてはケアを受ける側に回っていきます。

そのときに、後継者をどうするべきか。

その解決策のひとつとして、社会企業という選択肢が浮上しています。

株式会社だけれども、社会貢献を目的としているものをつくっていく。

そこに若い世代が参入して、一緒に活動していくような仕組みができるのではないか。すべてのサービスを無料で提供するのではなく、コミュニティの維持運営のためのコストをまかなう程度の金額を課金してもいいわけです。

コミュニティ・カフェのような地域拠点をつくり、そこで学びの場を提供することで、学習をきっかけにしたさまざまな活動が生まれ、人々の関係性が生まれ、世代間でお互いをケアし合う豊かなコミュニティが生まれる。

さらにそれをサスティナブルなものにするために、ソーシャル・ビジネス、あるいはコミュニティ・ビジネスとして発展させていく。

東京大学が行政や地元のみなさんと一体となって取り組んでいる千葉県柏市高柳地区におけるこうした取り組みは、超高齢社会におけるコミュニティづくりのモデルのひとつとなり得ると思います。

［コラム］

豊かな長寿社会への取り組み③

高齢運転者の安全運転教育

東京大学高齢社会総合研究機構では、福井県と共同で高齢運転者の教育プログラムを開発しています。２０１０年６月には、新田塚自動車学校の協力を得て、20名の高齢者を対象に安全運転教育イベントを実施しました。

高齢者は、自身の能力低下や運転操作ミスなどに気づかない傾向にあります。

そこでこのイベントでは、カメラ４台からなるドライブレコーダを用いて、自身が運転する姿を見てもらい、自覚を促しました。

高齢者を対象に実施された安全運転教育イベント

第6章

超高齢社会への東京大学の挑戦④

「頼りになる仕組み」をつくろう

1

樋口範雄教授が語る、長寿社会の「法律」
——気軽に頼れる弁護士のいる社会へ

超高齢社会における法律は「支援型」でありたい

超高齢社会を迎えるこれからの20年で、都市のインフラや医療のあり方、社会保障の形など、社会の基礎的な条件が大きく変わってきます。そうすると、これまでの法体系がうまく機能しない状況も出てきます。

たとえば、高齢者が住む老朽化したマンションの建て替えをどうするか。これまでの所有権の考え方では対応できないことも多く出てくるでしょう。

また、医療においても、いままでの倫理観をベースにした法律だけでは通じなくなることが起きることも考えられます。

こうしたことに対応する、新しいルールづくりが必要となるのです。

その中でも、医療に関することはとても重要です。

典型的に法律と医療とが関わるのは、生まれるときと、死ぬときです。

「生まれるとき」というのは、人工授精や代理母など、生殖医療における倫理面、法律面での問題です。

それから「死ぬとき」は、終末期医療の問題があります。

いまの医学における延命技術を、人間はどこまで必要としているのか。たとえば人工呼吸器によって延命処置をしているケースで、外してもらいたいという患者もいます。あるいは、家族に頼まれることもあるかもしれません。こういう場合、医師が人工呼吸器を外すと、殺人罪になるのか、ならないのか。こうしたことも解決しなければならない難問です。

このような、「生まれるとき」「死ぬとき」について、法律論を含めた社会的な整備をすることはもちろん重要ですが、考えてみれば、人生において圧倒的に長く重要なのは、その「真ん中」の部分、「生まれたあと、死ぬより前」の期間です。

このことを、本来法律家はもっと考えなくてはなりません。

しかし、現状では多くの法律家の関心はそこに向いているとはいえません。それがひとつの大きな課題になっています。

人生を生きている人たちの問題を解決し、豊かな人生になるように、法律の側からさまざまな支援をすることがもっとできるのではないでしょうか。

法律というと、まず国家権力に裏打ちされた「制裁」としての機能が強調されることが多くなります。たとえば医療と法が関わるときも、「医療ミスによる訴訟」など、やはり制裁型中心といわざるを得ない現状があります。

しかし、それとは別に、「支援型」の関わりができるのではないでしょうか。

超高齢社会における法律を考えるとき、これが大きなテーマになると思います。

「人生の真ん中」で法律ができること

そこで、あらためて「人生を支援するための法」という観点で、医療における法のあり方を考えてみたいと思います。

いま患者の権利は、その多くが認められています。

「インフォームド・コンセント」「セカンド・オピニオン」といった言葉はすでに日本語となり浸透しています。個人情報保護法もあり、レセプト（医療費の明細書）の開示請求も認められています。医療過誤訴訟で訴えることもできるでしょう。

しかし、それでも患者の権利が問題となっているのは、「権利として認められている」ということと「権利が実際に尊重されている」ということは別の話だからだと考えられます。

アメリカの生命倫理学者で法学者のジョージ・アナス氏は、名著『患者の権利』の中で、患者の権利を向上させ、病院の環境を人間的なものにするための5つの施策を提案しました。

・お決まりの処理をなくす
・患者が医療記録にいつでもアクセスできるようにする
・1日24時間の面会を許可する
・処置が行われる前に、医療者の経験を開示するよう求められるようにする
・患者の権利の遵守のため、効果的な権利擁護者システムを実施する

このうち、最後の項目の「効果的な権利擁護者システムを実施する」ということを簡単にいうと、「患者には、自分の扱われ方を相談できる人が必要」ということです。

この相談相手を「アドボケイト（Advocate）」ともいいますが、医療におけるこの役割を弁護士が担っていくことも必要でしょう。

患者にかわって代弁する人、もちろん弁護士だけではなく、医療の現場の中で、病院側の立場ではない中立的な看護師さんにお願いすることもできると思います。

このようなことが実現されれば、患者が我慢していることを汲み取ってあげることができ、また一方で患者に医療的な説明をすることもできます。つまり、病院にとってもメリッ

トがあるのです。

法律家と医療従事者が協同して、このような仕組みを制度化することが求められているのではないでしょうか。

また、人生を支援するための法という観点からは、「高齢者の財産管理」というテーマも浮かび上がります。

高齢になると、判断能力がどうしても衰えます。いわゆる「オレオレ詐欺」「振り込め詐欺」の被害者のほとんどが高齢者だということは、その典型的な例でしょう。

そこで、財産の管理を信用できる別の人にまかせるという「成年後見制度」や「信託」という制度があります。

しかし、現状ではこれらの制度はなかなか利用しにくいものです。たとえば成年後見制度では、裁判所で、「自分が後見人を必要とする人間であること」を宣告する必要があり、これを嫌がる人も多いようです。

アメリカでは、裁判所に行かなくても、財産を信託する方法があります。

信託の開始は、本人がしっかりしているうちに、信頼できる人に行います。また、信託を受ける人も、これは大変な重荷ですから、多くの場合医者や弁護士、友人などが共同で引き受ける形になっています。引き受ける方も、2分の1、3分の1の責任になります。

しかし、日本にはなぜかこういう制度はないのです。このような制度の整備も求められています。

ワンストップで解決！　街の「高齢者相談係」をつくろう

超高齢社会において、やはり法律家に頼りたい、話を聞いてみたいということは多いのではないでしょうか。医療のこと、社会保障的な話など相談したいことはいろいろあると思います。

そこで、まちづくりの中で「高齢者相談係」とでもいうべき法律家がひとりいるような仕組みが求められています。

ニューヨークでは法律的なことに関して、ワンストップサービスが実現しています。顧客の人生におけるほとんどの問題を、弁護士がニーズに応じて対応しています。

日本でも、法律家がサービスを提供する範囲をもっと広げられるとよいのではないでしょうか。

その第一歩として、まずは社会実験として、法律家の「駐在所」のようなものを置いたモデル都市をつくる、という方法が考えられます。

街の人々に気楽に立ち寄ってもらい、フェイス・トゥ・フェイスで悩み事を聞くのです。

弁護士には守秘義務がありますから、安心してまずは話してもらう。その中で、どういう相談が多いのか、どういう援助ができるのか、一つひとつ分析します。

5年や10年といったスパンでモデル事業を行い、そのデータやノウハウを社会システムづくりに活かすといった取り組みができるといいでしょう。

最初は、何を相談していいかわからない人、相談してもダメだろうと諦めている人も多いはずです。

しかし、日常生活における多くの悩み事は、法律問題になり得ます。消費者被害、高齢者虐待、居住問題。働いている人は雇用の問題、そのほか離婚問題、年金や社会保障のことなど。生活上の問題は大小いろいろあるはずなのです。

何か困ったことがあったら、それが法律問題かどうかなどは気にしないで、まずは「街の弁護士駐在所」へ相談しにいく。そんな、高齢者にとっても、またあらゆる世代の人々にとっても、住みやすい社会にできればと思います。

わが国が、そして人類がはじめて遭遇するこれからの超高齢社会においては、毎日の生活においてさまざまな悩みや問題が出てくることでしょう。

それを実際に、具体的に解決してあげる人が必要であり、弁護士がその役割を果たすことが期待されています。

高齢者に寄り添って問題を解決する人が、弁護士、法律家の中からもっと生まれてくればいいと思います。もちろんすでに取り組んでいる人もいます、そのノウハウを共有し、全国的に広げていくことが必要なのです。

いずれは、誰もが高齢者になります。

誰にとっても住みやすい社会のために、弁護士のさらなる工夫、センスが求められています。

それは弁護士にとっての課題ですが、逆にいえば、超高齢社会における新しい弁護士のあり方は、弁護士にとって新しいサービスや顧客獲得機会を生み出すビジネスチャンスだともいえるのです。

弁護士に相談するというのは、多くの人々にとってまだまだ敷居が高いイメージがあります。

そのイメージを変え、普通の人が毎日の生活の中で、弁護士や法を日常的に使える社会にする。法という概念をやわらかくとらえ、日常の困り事をワンストップで身近に相談できる社会にする。

それこそが超高齢社会における法律のこれからの目標であり、理想ではないでしょうか。

2
岩本康志教授が語る、長寿社会と「経済」
――早い準備で超高齢社会の経済を切り拓く

決して暗くない超高齢社会の経済

最初に、人口の高齢化が経済活動にどういう影響を与えるのかを考えたいと思います。日本はこれから少子高齢社会になります。

これは労働力の「率」と「数」両方の減少をもたらします。そこで、経済活動の根本である労働力の減少が経済に負の影響を与えるのではないか、ということが一番心配されているわけです。

ところで、経済成長率というのは、労働力人口と労働生産性との兼ね合いで決まります。労働力人口は、政府の公式推計で見ると、悲観的な予測では年間0・7％の減少率になっていくと考えられています。

しかし一方で、労働生産性は1％超の成長をしています。「失われた10年」といわれた90年代、労働生産性が低い時期であっても、その程度の成長率はありました。

労働力人口が減少していく中でも、十分な技術進歩が起これば、日本経済はマイナス成長になることはないだろうと思われるのです。

次に、一人あたりの所得について見てみます。

これについても、総人口は減少するので、国内総生産が増えている限り、一人あたりのGDPは確実に増えます。生活水準が高齢化によって下がるということはないと予測されます。

つまり、高齢化は経済を悪くする要因ではないのです。

言い換えれば、人口構造は変化していきますが、これまでも経済成長する過程で、それをうまく乗り切ってきたわけですから、経済が柔軟に対応することによって、経済活動自体はこれからも活発に維持できるというように考えられるのです。

社会保障財政がこれからの経済の課題

少子高齢社会の経済で最も問題になるのは、社会保障財政だと考えられます。

いまの社会保障の仕組みは、現役世代が負担して、高齢者が多くの給付を受け取るという形になっているからです。

この方式では、現役世代に比較して高齢者の人口の比率が高まると、当然、社会保障の財政を悪化させるのです。これに対して何らかの対策を打たなければ、社会保障の制度自体が持続可能でなくなります。

そこで最近、そういうことを心配して社会保障費を抑制するための制度改革が立て続けに行われました。

2004年に年金の改正があり、2005年に介護保険の改革、2006年に医療制度改革がありました。それにより、いまより少しだけ負担を増やすことによって社会保障給付費をまかなえる算段ができたのですが、この立て続けに行われた制度改革によって、医療と介護の費用が切り詰められ、医療現場で多くのひずみが生じています。

そこで最近の流れでは、政権交代もあり、生活政策が先行し、社会保障給付費は、抑制から少し拡充の方向に動いてきたということがいえます。そうすると、これにより再び、将来の社会保障制度が持続可能かどうかという問題が生じてきているのです。この問題については、これから真剣に考えていかなければならないでしょう。

社会保障給付費の中でも、高齢化に伴って問題になるのは、年金と医療と介護です。

この中で年金については、2004年の制度改正で、社会全体の状況で給付額を変動させるという「マクロ経済スライド」を導入しており、年金給付総額はそれほど伸びないという予測になっています。

したがって、財政的に問題になるのは、医療と介護の給付費です。

いまは保険料と公費負担で財源を調達していますが、このうち公費負担の伸び率が高くなるということが予測されています。これによって、税による将来的な財源調達が大きな課題になります。

財政的には社会保障給付費を抑えようとする力が働きますが、しかし、社会保障の中でも医療や介護というのは、生活の質を支えるという意味では一番必要なサービスです。これを政府がすべての人に行き渡らせようとするのが、そもそも社会保障制度の出発点なのです。皮肉なことに、これを下支えするということではなくて、逆に抑えようとしているのが現状だということです。

負担を増やさないようにするために抑えるべきか、それとも負担を上げて、給付を維持するのがいいのか、社会のあり方が問われているのです。

社会保障のあり方を変革することが求められている

社会保障財政の問題を解決していく方法として、3通りの手段が考えられます。

第一の対策は、若者の人口を増やすということです。

少子化対策を十分に行い、出生率を上げて、若者の人口を増やす。

この少子化対策については、いまだ十分な効果をあげられていないというのが現状です。

これからも取り組みは必要ですが、どこまで成果をあげることができるのか、不安はこれからもついてまわります。

2つめに、社会保障を受ける高齢者の人口を減らすということがあります。これは元気な高齢者を増やしていくということです。

これもすでにさまざまな試みがなされており、予防に力を入れ、生活習慣病を抑制するなど、将来の医療と介護の費用を抑制しようという考え方で対策が打たれています。

これは非常に大切な取り組みです。ただ、はっきりとした成果があがるまでには、より一層の努力と、時間が必要となるでしょう。

3つめに、社会保障財政を人口構造に依存させない構造に転換する、という対策が考えられます。若い人、現役の人の負担によって高齢者の給付をまかなうという財政構造自体を変えていくということです。

これはかなり大きな改革となり、実際にはまだ試みられてはいない方法です。

高齢者の給付を、将来受け取る人自身が若いときに貯蓄しておいて、そのお金でまかなうという方法で、「積立方式」と呼ばれています。

医療・介護保険については部分的にでも積立方式を導入していく、公的年金についても積立方式の側面を強めていくということが考えられます。

これにより、将来高齢者の人口比率が高まったときでも負担が急速に上がらないようにし、世代間の不公平感を抑制すると同時に、財政を持続可能にするのです。

この3つの方法のうち、どれかひとつを選んで解決を図る、ということではなく、すべての方法を考えていくことが必要となるでしょう。

ただし、なかでも有効性が高いと考えられる3つめの方法、「積立方式」への移行を研究・推進するにあたって、ひとつ問題があります。それは、政府による将来の社会保障給付費の予測が、2025年までしか行われていないということです。

2025年まではあとわずか15年。日本の高齢化は、その後も続いていくわけですから、この予測では不十分です。

そこで、私の研究室では、京都産業大学の福井唯嗣研究室と共同で、医療・介護保険財政モデルの研究を行っています。

将来の医療・介護保険財政の予測と、「積立方式」への移行に関するシミュレーションの研究が行われているのです。

ここでは、約100年先までの将来の姿を予測しています。現在の政府の人口予測のもとでは、2070年代ごろが社会保障負担のピークになると予測されていますが、その期間を含むような形で、超長期的な視野から制度設計を考えているのです。

不公平感のない制度設計で、明るい未来をつくる

現状の制度では、主に若い世代の負担で高齢者の給付を大きくまかなっています。シミュレーションによれば、この方法をずっと続けると、2070年代に社会保障負担がピークになり、租税も保険料の負担も大きく上がります。これからの若い人たち、将来世代の負担が急速に高まるということになるわけです。

では、こうした負担の上昇を避けるために「積立方式」を導入すると、どうなるでしょうか。いまは医療費・介護費どちらの保険も積立金をもっていませんが、このシミュレーションでは、将来の負担増に備えていまから保険料を引き上げることで、医療・介護保険の中で積立金をもつということを考えています。そして、100年ほど経ったあとに、完全な積立方式に移行する、という形を想定しています。

シミュレーションによると、この方法でピーク時の保険料負担を引き下げることができます。また、早いうちから保険料負担を上げているので、前の世代の方も多く負担をしていただくことになる。それにより、負担の世代間の格差をやわらげることができるのです。

医療保険、介護保険の保険料は、これからも上げざるを得ないでしょう。難しいのは、自分が払った高い保険料が自分に戻ってくるのではなく高齢者にいくということに、若い人たちのあいだには、どうしても不公平感があるということです。

生涯負担率の比較

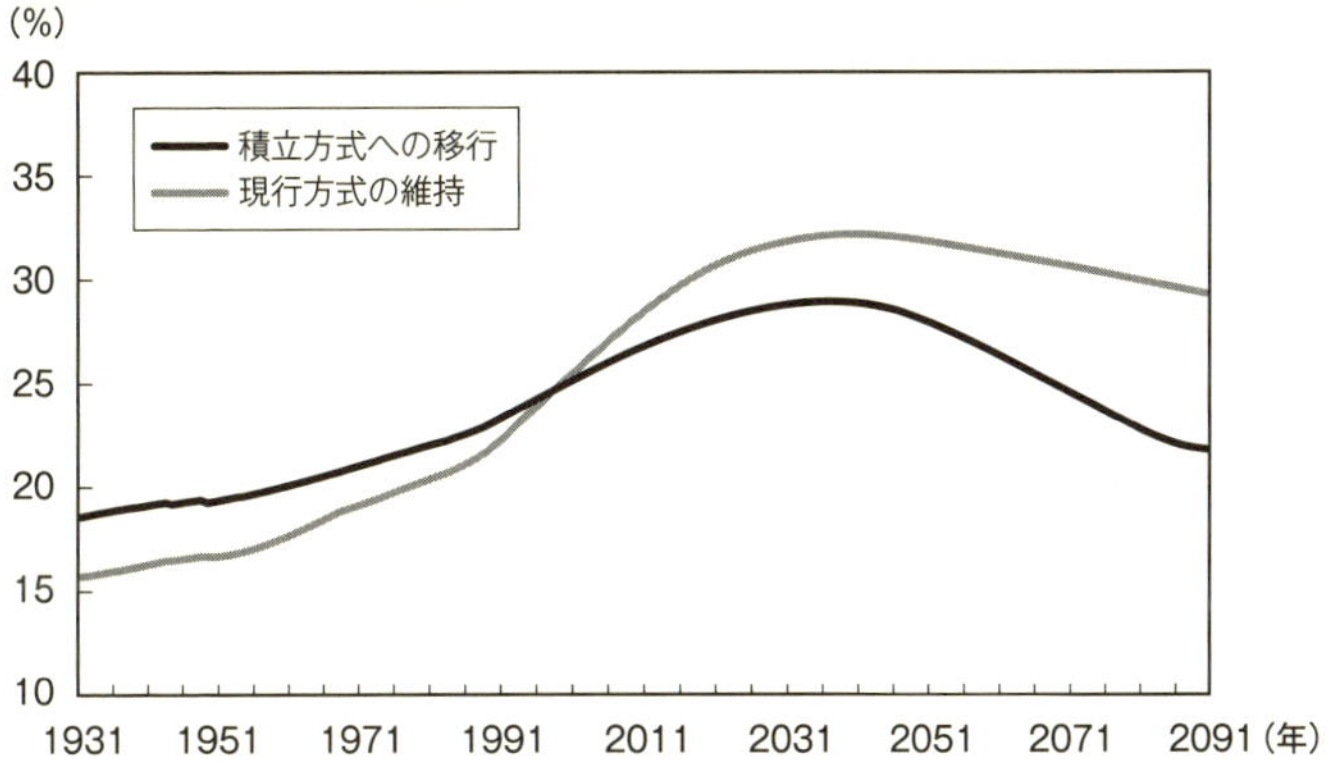

この、世代間の不公平感をどうするか。「いまは自分が負担しているが、自分が高齢者になったときには、そのときの現役世代が払ってくれる。そのことで制度が維持される」ということをみんなが納得する、そのような合意をとるということが必要でしょう。

若い世代、現役世代がいまの負担を受け入れ、制度を維持させることで、将来的には自分たち自身が制度の恩恵を受け取るということを納得してもらうこと。最後は自分に返ってくるのだという考え方を理解してもらうことです。

不公平感の少ない制度設計によって、前向きに助け合う明るい社会をつくっていきたいものです。

3 鎌田実教授が語る、産学連携の取り組み
——そして、企業も動きはじめた

大学の「知」と、企業の「マンパワー」が社会を変える

日本が新しい課題に取り組んでいくためには、大学の中にある「知」と、企業の中にある「マンパワー」を合わせることが重要です。東京大学では、超高齢社会の課題解決についても、企業と大学が連携して取り組んでいく必要があると考えていました。

そこで、2008年9月、当時の東京大学総長であった小宮山宏氏が、総長の諮問機関である「東京大学産学連携協議会アドバイザリーボードミーティング」において、産学連携による高齢社会の課題解決を提言しました。

このメッセージに対して、経済界のトップの方々から多くの賛同の声をいただき、これを機に、ジェロントロジー寄付研究部門（現在の高齢社会総合研究機構）が、企業群と大学とのコンソーシアムの実現に向けた準備を進めることになったのです。

そして2009年4月に、「東京大学ジェロントロジー・コンソーシアム」が発足しまし

現在の参加企業一覧

味の素（株）、アメリカンファミリー生命保険会社、オリックス不動産（株）、花王（株）、（株）ジェイテクト、（株）資生堂、シーメンス旭メディテック（株）、JX日鉱日石エネルギー（株）、住友商事（株）／（株）住友商事総合研究所、西武信用金庫、セコム（株）、（株）ゼンショー、セントマーガレット病院、ダイキン工業（株）、大正製薬（株）、大和ハウス工業（株）、（株）地球快適化インスティチュート（三菱ケミカルHG）、（株）電通、東京急行電鉄（株）、（株）ニチレイフーズ、日産自動車（株）、日本生命保険（相）、日本放送協会（NHK）、ネスレ（スイス）、ハウス食品（株）、パナソニック（株）、P&Gジャパン（株）、（株）日立製作所、（株）富士通総研、富士フイルム（株）、フランス・テレコム（株）、（株）ふれあい在宅マッサージ、ヘルスケアパートナーズ（株）、三井物産（株）、三井不動産（株）、（株）みずほ銀行、ヤマハ発動機（株）、（独）UR都市機構、（株）ユーディット、（株）読売新聞グループ本社、ライオン（株）、（株）リサーチ&ディベロプメント〈敬称略、五十音順、計42社〉

た。

この時期はいわゆる「リーマンショック」から間もないときで、参加企業が集まるかどうか危惧されたのですが、結果的には30社を超える企業に参加いただきました。

しかも素晴らしいことに、参加された企業の業種は多岐にわたっていました。これは、幅広い業種の方々のさまざまな立場からの意見やノウハウを交換できるという効果を生むことになったのです。

これにより、超高齢社会を支えるビジネスのヒントやアイデアを得ることができるでしょう。また、規制の撤廃や不足データの収集など、ビジネス上の制約を解消するアプローチを協同で行うことができます。

これから先、世界中の課題となる超高齢社会。日本がその課題解決のトップランナーとなるための産学連携の組織が、ここに誕生したのです。

2030年に向け、産業界のロードマップを作成

ジェロントロジー・コンソーシアムの目的は、今後迎える本格的な超高齢社会に向けて、産業界のロードマップを作成することです。ターゲットとなるのは、日本人の3人に1人が高齢者となる2030年です。

参加する企業の中には、高齢社会についてすでに勉強されているところもあれば、事前に知識がないので勉強するところから始めたい、というところもありました。

そのため、1年目の活動は、東京大学の先生方の講義によって高齢社会について勉強することから始め、2030年にめざす姿＝ゴールを共有することを目的としました。

そして、数多くの熱心な議論を重ね、めざすべきゴールを「Aging in Place社会――高齢者が最後まで住み慣れた場所で安心していきいきと自分らしく生きることができる社会」としたのです。

2年目となる今年、2010年は、ロードマップの作成を進めています。

ここでは、現実の延長線上に未来を設定するのではなく、まず理想の将来社会を描き、そ

の理想と現実とのギャップを明確にする中で、今後のアクションプランを策定するという手法をとっています。固定概念をできるだけ払拭して、より創造的な未来を描くことをめざしているのです。

短期（5年）、中期（10年）、そして長期（20年）という3段階に分けて、その道のりをつくっています。

ロードマップ作成後はさらに次の段階として、具体的なアクションプランをつくる議論へと移行していきます。

世界の注目を集めるジェロントロジー・コンソーシアム

こうしたジェロントロジー・コンソーシアムによる活動は、超高齢社会に対する課題解決先進国として日本を位置付け、すでに世界をリードしつつあります。

アメリカでは、東京大学の取り組みとほぼ同じような形で、コンソーシアムの募集を開始する大学があらわれました。

またスウェーデンからは、日本が高齢社会をどのように解決するか参考にしたいと、これまでに3回ほど使節団が来日しています。彼らは日本の技術を高く評価しており、その技術をどのように活用して課題を解決していくのかを視察しているのです。

その中で２００９年には、スウェーデンのさまざまな大学の学長を中心とした視察団が来日し、日本とスウェーデンとが連携した国際シンポジウムを開催しました。これは大変な評判となり、東京大学には世界中から多くのオファーが殺到しています。

企業としても、これから世界全体が高齢化していくことを考えると、日本で超高齢化社会のマーケットにいちはやく対応することは、それ自体大きなビジネスチャンスです。

たとえば、インドや中国はもともとの人口が大きいため、今後あらわれる高齢者の数は「億」の単位になるわけです。日本で最初に高齢化を意識した商品づくりを経験しておけば、その商品や技術をそうした世界のマーケットに売り込んでいくというビジネスも当然考えられます。

この動きをさらに大きくし、実効性の高いものにしていくためには、より多くの企業や研究者の参画と、何より国との連携が必要になってくるでしょう。

今後、ジェロントロジー・コンソーシアムでは、その成果をさまざまな形で国や行政にアピールしていく必要があります。

人々の生活をどうやって支えていくかというジェロントロジー・コンソーシアムのさまざまな取り組みは、人々の生活に新しい価値をもたらす＝ライフイノベーションにもつながります。

ジェロントロジー・コンソーシアムの中から、そうしたプロジェクトや新しい製品などが生まれることが期待されます。

これからの超高齢社会に本当に必要とされる技術やサービスの開発はもちろん、いままでの法体系・社会システムの再構築や、規制緩和への提言など、さまざまな活動がここから生まれていくのです。

［コラム］

豊かな長寿社会への取り組み④

虚弱高齢者も元気を取り戻す10坪ジムと葉っぱっぱ体操

東京大学生涯スポーツ健康科学研究センターで、寝たきり予防や認知症の予防に効果があるトレーニング方法が開発されました。

これは、バランスのとれた姿勢や効率的な動作を学習することによって、身体の深い部分にある筋肉（体幹深部筋）が鍛えられて足腰や身体の芯が強くなり、その筋肉からの刺激が脊髄・脳幹に伝わることで、脳・神経系が刺激されるというものです。

筋力が弱っていたり関節が痛んでいたりする高齢者にも、やさしく効果的に体を鍛えられるのが特徴です。いま、千葉県柏市の市内9カ所でジムが開設されています。その開発者である小林寛道東大名誉教授が監修し、ダンサー、アーティスト、そして地域住民とも連携して、「葉っぱっぱ体操」という楽しい体操法も開発されました。

この体操は、普段使用しない体の深層部の筋肉を動かすことで脳が喜び活性化してくるもので、街に独自の体操文化を根付かせる取り組みとしても、広がりを見せてきています。最近ではテレビ、雑誌にも度々紹介されるようになってきました。

脳が喜び活性化する「葉っぱっぱ体操」

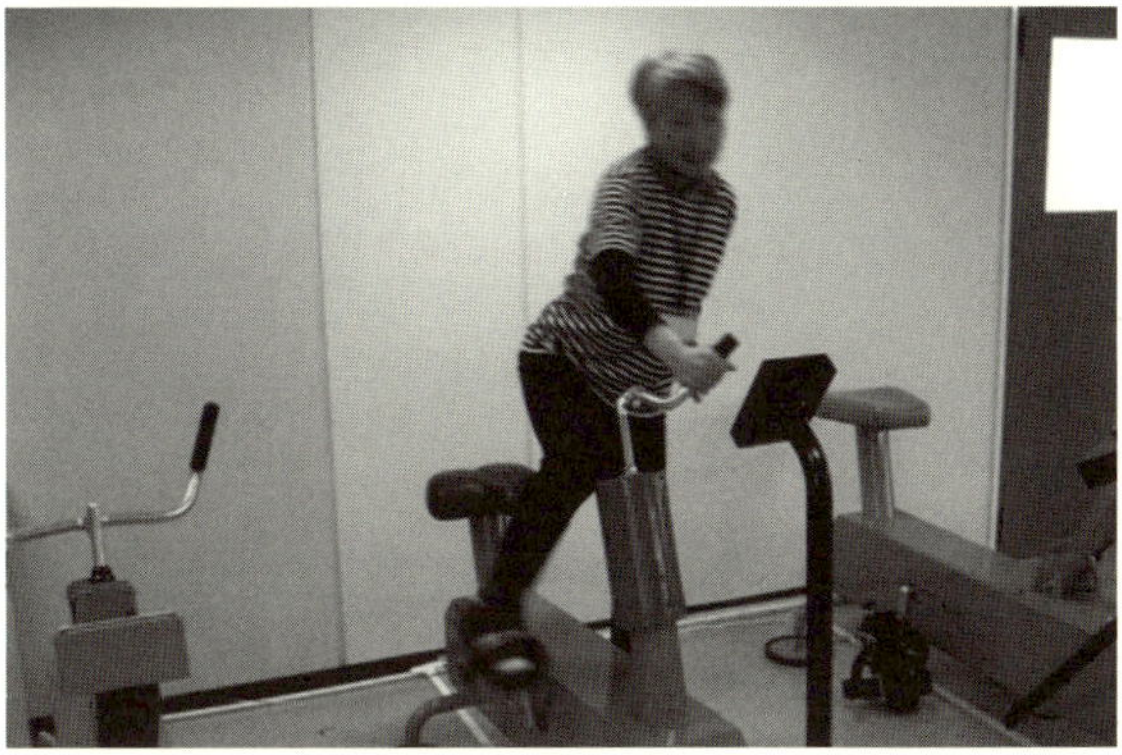

寝たきり予防や認知症の予防に効果があるトレーニング方法を開発

第7章

超高齢社会を逆手にとる「新」成長戦略

1 「成熟社会」への改革

「成熟社会」とは、イギリスの物理学者ガボールが、同名の著書の中で唱えた言葉です。その意味は、「量的拡大だけを追求する経済成長が終息に向かう中で、精神的豊かさや生活の質の向上を重視する、平和で自由な社会」ということです。

つまり、経済的に豊かになっただけでは「成熟社会」とは呼べない、ということでしょう。実際、高度成長時代に築いたいまの社会構造のままでは、どうやら非効率な側面も多く、今後は十分に機能しない状況が多発し、豊かさを実感できる社会とは程遠いものになってしまうのではないでしょうか。

わたしたちは、いま先行きを見通すことができず、袋小路に入り込んだように思っています。

しかし、じつはいまこそ、2030年の超高齢社会に向かって、「成熟社会」にふさわしい新しい社会のパラダイムを構築していく起点に立っている、と理解してもいいのではないでしょうか。

わたしたちには、新たな挑戦が必要です。

今後大きく変わる社会の基礎的な条件に即して、新たに社会制度やシステムを整備し、真の「成熟社会」への脱却を図り、望ましい超高齢社会、幸せな超長寿社会を描くべき時なのです。

本書でご紹介してきた東京大学を中心とする試みは、望ましい「成熟社会」を実現するための第一歩です。

・激変する社会の基礎条件に対応する法体系の再構築
・新たな技術開発・システム化と、その産業化・普及
・高齢者が活躍する機会の創出と健康増進
・心が和む生活環境の形成と、温かなコミュニティ構築

こうした新たな社会のパラダイム構築のための努力を積み重ねて、重く覆いかぶさる将来への不安を、明るい未来像、真の成熟社会像に切り替えていくことが、いまこそ必要なのです。

理想の超高齢社会

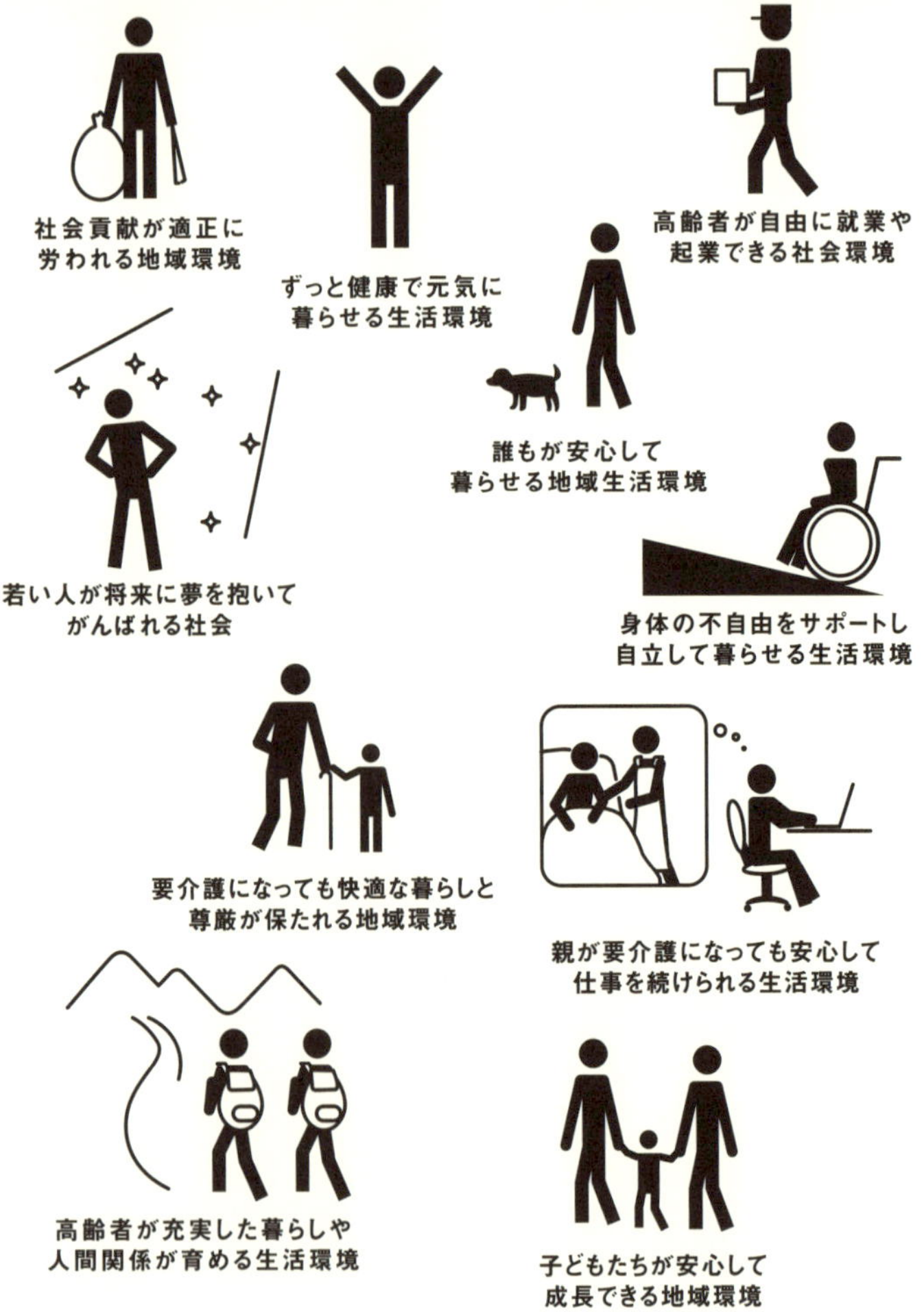
社会貢献が適正に
労われる地域環境
ずっと健康で元気に
暮らせる生活環境
高齢者が自由に就業や
起業できる社会環境
誰もが安心して
暮らせる地域生活環境
若い人が将来に夢を抱いて
がんばれる社会
身体の不自由をサポートし
自立して暮らせる生活環境
要介護になっても快適な暮らしと
尊厳が保たれる地域環境
親が要介護になっても安心して
仕事を続けられる生活環境
高齢者が充実した暮らしや
人間関係が育める生活環境
子どもたちが安心して
成長できる地域環境

2 「超高齢社会ビジョン」の視点

超高齢社会における課題を掘り下げていくと、さまざまな分野の連携こそが、超高齢社会の課題解決の鍵になることが見えてきます。

そこで、この章では、超高齢社会における主要な4つのテーマ、「住空間と都市機能」「健康と医療」「生きがいと就労」「高齢者支援技術」について、それぞれの課題解決の方向性を探していきたいと思います。

住空間と都市機能――社会システムとして機能する街へ

高齢者が最後まで自宅で生活できる「Aging in Place」という将来ビジョンは、これからの社会にとってきわめて重要です。そこで必要となるのは、高齢者を中心に人々の日常生活を支えるさまざまな都市機能です。

まず必要とされるのが、街全体がひとつの病院や介護施設のようになる、訪問看護・介護機能や在宅医療機能の整備でしょう。

日常生活支援サービスも必要ですし、既存住宅の高齢者向けへの転用や、入居を円滑にする仕組みの整備、低コストでバリアフリー住宅にリフォームする機能も望まれます。

あるいは、段差のある住まいに我慢して住みつづけ、その結果ケガをして介護が必要になってしまうようなことのないように、段差のある住まいは若い人に貸し、その賃料で高齢者向けバリアフリー賃貸住宅を借りられるような形になるといいと思います。

また、住宅や施設だけでなく、街路や公園など、街全体が快適に過ごせる環境整備も求められます。

高齢者が集う場所も望まれますし、何より高齢者を支援する多彩な人々がいることで、街は機能していきます。

日常生活を支援する機能をはじめとして、資産管理やその他いろいろな相談ができるところがあれば、高齢者が安心して暮らせます。また、そのような場所があれば、それ自体が高齢者の就業機会にもなるのです。

そのように考えると、街がひとつの社会システムのように機能する姿が見えてきます。これまでのまちづくりは施設整備に重点が置かれがちでしたが、これからは街の機能を充実していくことが課題になってきます。

同じような建物が立ち並ぶ街でも、さまざまな機能があるのとないのとでは、街の魅力はもちろんのこと、地域のお金の循環も変わってきます。

それぞれの機能がひとつの社会システムのように相乗効果をもって機能するか、機能的にも不足するものがあり、かつそれぞれの機能が単発的かでは大きな違いです。

そうしたさまざまな次世代の街の機能を過不足なく引き込み、相互に相乗効果をもたらすような運営をする、街の「運営機能（タウンマネジメント）」が求められてきます。

アメリカでは、「BID（business improvement district）」というタウンマネジメントの仕組みで、治安や清掃、広報などの街の運営機能を担っている制度があります。荒廃していたニューヨークのブロードウェイに、再び賑わいをもたらした成功例が有名です。

そうしたタウンマネジメントの「超高齢社会版」がイメージされますが、わが国では資金的な基盤が脆弱なため、いまのところはなかなかうまく進んでいません。これからは、公共と住民の力が好循環を起こして、街の機能を高めていくような仕組みが求められてきます。

街の機能を充実させれば、多くの就業機会を生み出すことも可能です。

たとえば、わが国には全国30万人の一級建築士と全就業者の8％もの建設就業者がいます。一級建築士の半数は団塊の世代だといわれていますが、その方々がこれから高齢期に入ってきたときに、彼らの力を借りれば、低コストのリフォームの仕組みを構築することも可能になります。

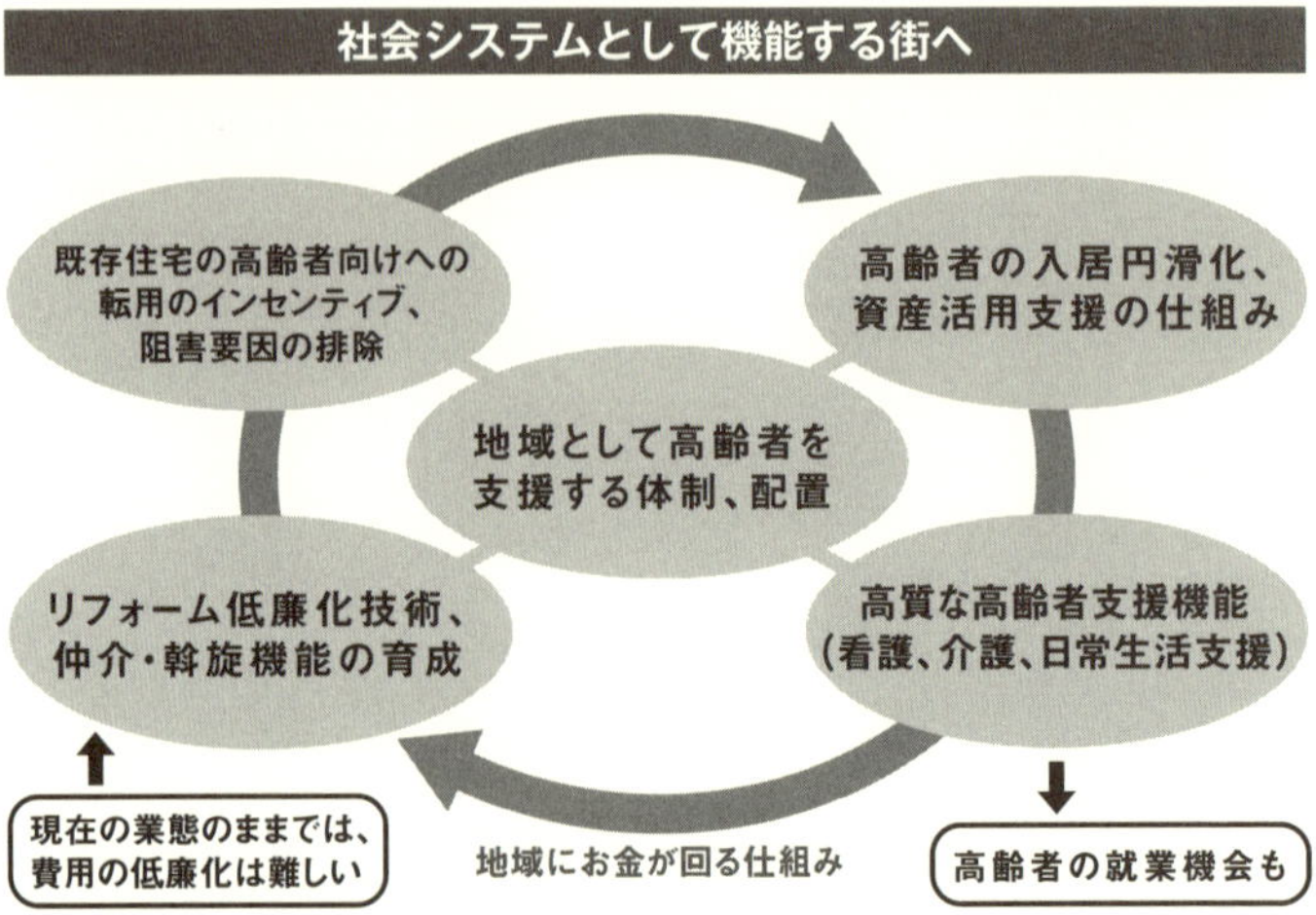
社会システムとして機能する街へ
既存住宅の高齢者向けへの転用のインセンティブ、阻害要因の排除
高齢者の入居円滑化、資産活用支援の仕組み
地域として高齢者を支援する体制、配置
リフォーム低廉化技術、仲介・斡旋機能の育成
高質な高齢者支援機能（看護、介護、日常生活支援）
現在の業態のままでは、費用の低廉化は難しい
地域にお金が回る仕組み
高齢者の就業機会も

そうした地域の力を街の機能の充実に結び付ける仕組みをどう構築していくか、これが今後のまちづくりの肝になってくるのではないでしょうか。

健康と医療――コミュニティの中で安心して一生を送れるシステムづくり

いまや日本は世界一の長寿国になりましたが、長寿ということが、さまざまな新しい問題を提起しはじめています。

長生きだということが必ずしも幸せなことではなく、かつて懸念していた病気になるリスクより、長生きするリスクのほうが大きいという説もあるほどです。

約7割の人は75歳ころから少しずつ自立度が下がり、虚弱になっていき、それまでのような思うとおりの生活ができなくなります。

しかし、わたしたちは、老いてもできるだけ元気で自立し、つまり健康寿命を長く保ちたいと望んでいます。これからの社会は、そのための予防が重要となってきます。

予防には、「生活習慣病予防」と「廃用症候群予防」があります。

「生活習慣病予防」は主として脳・心臓血管系疾患の予防です。「メタボリックシンドローム」という言葉が浸透し、国民運動にもなり、社会的認知度も高くなった分野です。

「廃用症候群」とは、寝たきりになったような場合に引き起こされる心身のさまざまな機能の低下のことで、たとえば床ずれなどもそのひとつです。こうした廃用症候群を介護でいかに予防するか、あるいは、その前段のロコモティブシンドローム(※1)をいかに予防するか(介護予防)が課題です。

啓発から、基準づくり、価値づくり、仕組みづくり、動機づくりとひとつずつ推進し、予防重視型システムへの転換を図っていかなければなりません。

たとえば、現状の介護保険制度は、重度化しないとサービス提供者の収入が増えず、サービス提供者側にケアの質を上げて介護度を改善しようという意欲が湧きにくい仕組みになっています。介護度改善のインセンティブが働くよう介護報酬に反映させたサービス内容、対象者、ケアマネジメント体制の見直しが必要だと思われます。

※1　ロコモティブシンドローム：「運動器の障害」により「要介護になる」リスクの高い状態になること

まずは要支援の原因で最も多い運動機能から介護予防。重度化予防の仕組みを確立し、人の動く（動作・運動）、食べる（栄養・口腔）、寝る（睡眠）、出す（排泄）という生活の基本機能全体のケアを予防という観点で確立していくという方向が考えられます。

また、わたしたちは虚弱になっても最後まで自分らしく、できれば自宅で一生を過ごしたいと望んでいます。その一方で、家族だけでは介護し切れないケースも増えてきますし、都市部では病院・施設のキャパシティ不足が懸念されます。

その解決のためには、日常生活に何らかの支障が生じたときに、程度に応じて、一貫した在宅医療・訪問介護のサービスを受けられ、医療・看護・介護・看取りまでのケアサイクルがシームレスに行われる地域の社会システムの構築が大きな課題です。

医療も、「（病気を）治す医療」から「（生活を）支える医療」に変わっていくのです。家族介護から社会介護へ、病院・施設から在宅へという流れが必然なのです。

そのための、在宅ケアシステムの地域的・面的展開が必要になります。

そもそも介護施設の仕組みは、通所介護、訪問介護、訪問看護、配食サービスなどを効率的に提供するために、暮らしの場から、施設へ利用者を集約した、一種の「社会的避難所」だという人もいます。

施設に収容された高齢者が、自分の意思とは別に、家族のために犠牲になって暮らしている状況は、経済発展を遂げ、成熟した国の姿とは思われません。

幸せな社会をつくるためには、新しい発想での地域社会のシステムが必要です。できるかぎり住み慣れた地域の中で就労を継続するなど、広い意味での介護予防や見守り機能を整備し、自立した生活を長期に維持し、要介護となっても、介護施設に依存するのでなく、在宅でも総合的な医療・介護サービスが受けられるような社会の構築です。

予防・医療・介護シムテム構築は、安心を得るためのコアとして非常に重要な部分ですが、それだけにとどまらず、地域社会のシステムを日常生活全般（食・運動・就労・コミュニティ活動等）と連携・連動した仕組みとしてつくり上げることが必要です。

長年住み慣れた地域・コミュニティで、友人や近隣の人々と交流を保ちながら生活し、安心して老い、生き切れる社会。人々の豊かなエイジングの支えになっている地域社会こそがめざす姿です。

「終わりよければすべてよし」。そのような幸せな社会をつくっていきたいものです。

生きがいと就労——高齢者が社会の支え手となる

高齢者が就労することで社会に貢献し、生きがいを見出せるようにする。そんな「生きがい就労」のモデルを、さまざまな形で試していくことが求められています。

それらは、ボラバイト（ボランティア＋アルバイト）、フレックス就労、時間預託（自分が働いた時間を「ポイント」として貯めることができる制度）など、高齢者の特性を活かした形態でつくり出すことが期待されます。

「ＷＩＬＬ」（意志）と「ＳＫＩＬＬ」（技量）を伝え合い、支え合い、認め合い、気持ちをワクワクさせる。そんなふうに、高齢者が無理なく楽しく働ける社会をつくりたいものです。

「人と人のつながり」のゆるやかで強い絆づくりが、「安心と生きがい」を提供する源泉となります。

また、いくつになっても無理なく楽しく働ける場、気軽に住民同士が交流しながら働ける場が生まれます。

就労は、高齢者の健康増進、一次予防に役立ちます。介護・認知症予防、ひきこもり、孤独死などの課題解決にも貢献します。

高齢者自身が、社会貢献、経営や事業の経験知識の伝承、さらに新産業創生の担い手となって、積極的に社会に関与することができます。

元気な高齢者が社会の支え手となり、新たな社会モデルの創造に向けて活躍しだせば、高齢者は個人・企業・社会にとって、かけがえのない存在になります。

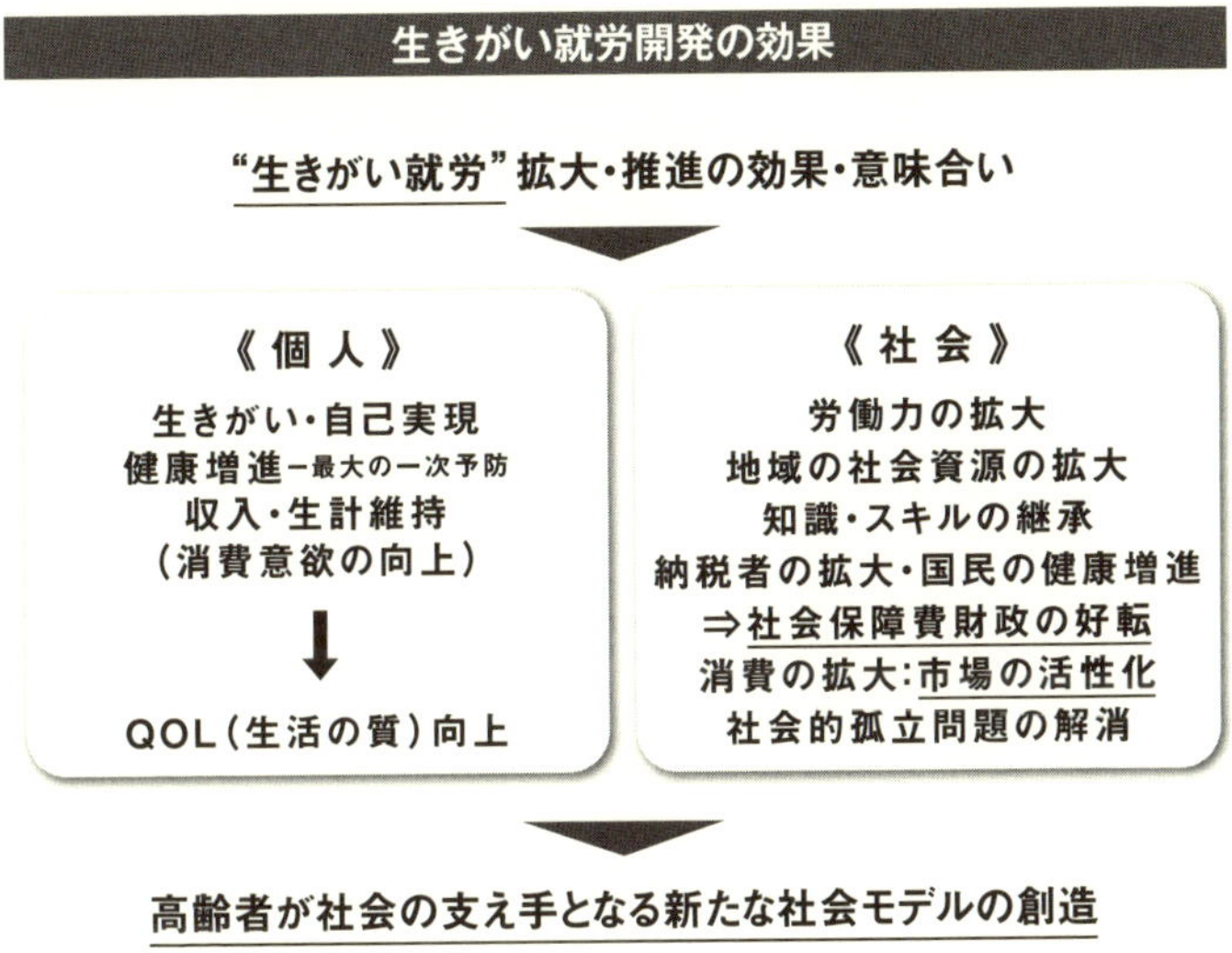
生きがい就労開発の効果
“生きがい就労”拡大・推進の効果・意味合い
《個人》
生きがい・自己実現
健康増進－最大の一次予防
収入・生計維持
（消費意欲の向上）
QOL（生活の質）向上
《社会》
労働力の拡大
地域の社会資源の拡大
知識・スキルの継承
納税者の拡大・国民の健康増進
⇒社会保障費財政の好転
消費の拡大：市場の活性化
社会的孤立問題の解消
高齢者が社会の支え手となる新たな社会モデルの創造

そのような社会をつくるために、新しい価値観やイデオロギーの確立が望まれています。

求められる社会像を、「フリー」というキーワードを使って考えてみましょう。

まず、「エイジフリー／社会参加バリアフリー／生き方フリー」な社会の確立です。

年齢を意識しないエイジフリー社会、互いに認め合い尊重し、それぞれの活力を最大限に活かす「心のバリアフリー時代」をつくることが必要です。そのためには、高齢期の選択肢の拡大、人生後半期のロールモデルの確立が望まれます。

次に、「就労バリアフリー」の実現で

す。

元気で意欲があるうちは、働ける就労環境が整っていること。働く高齢者には、若者と協働できるいい意味での市場競争力（がんばり）が求められます。そのための生涯教育の場も必要です。

そして、「継承フリー」。

高齢者の知識、経験、思想やライフスタイルが受け継がれていくこと。たとえば自然との付き合い方、互助の精神にもとづく生き方などが、次の世代に継承されていくようになってほしいと思います。

さらに、「人と人のバリアフリー社会」であること。

NPO、NGO、ソーシャル・ビジネスといったさまざまな場で、人と人とが自然と結び付いていく社会でありたいものです。

最後に、「生き方フリー」の実現。

一人ひとりの高齢者が、人生で得てきたものをもう一度活かし、次世代につなぐ喜びを感じて働き、生きる。高齢者が「Aging in Place」を実現するトップランナーとして、誇りをもって生きる社会をつくりたいと思います。

「生きがいと就労」は、人生90年時代に高いQOLで健康長寿を実現し、多様な生き方を可能とするための重要なテーマです。

社会起業家として夢を追う高齢者や、若者のために就労機会を生み出す高齢者も登場してくるでしょう。社会貢献と就業、事業の両立を図るソーシャルビジネスは、高齢者自身が社会の支え手となる新たな社会モデルの実現の足がかりになるのではないでしょうか。

それは価値観のパラダイムシフトであり、社会のイノベーションです。高齢者が活躍する場や機会の選択肢を拡大し、新しいライフスタイルを確立できる社会を実現したいものです。

高齢者支援技術――社会の規範づくりと規制緩和・社会実験で、産業化へ

日本は技術立国ですので、高齢者の生活支援の分野にも、技術の果たす役割が大きいと期待されています。

しかしながら、医療の分野では治験などのプロセスが長くハードルが高いため、なかなかビジネス的にうまくいっている例は少なく、また介護の分野では福祉用具のメーカーは中小企業が多いため、高齢化の進展速度に対して市場の成長が追いついていないのが実態です。

超高齢社会に向けて、いずれも成長余地が大きいと思われてはいるのですが、産業的に離陸する道筋がまだ見えていないのです。

しかし、高齢者支援技術は、活力ある超高齢社会の構築に向けていままで以上に期待が高まっています。産業化のハードルになっている部分を乗り越え、マーケットの創出により産業化を促進していくことが望まれています。

たとえば近い将来、多彩な移動体が安全・快適に移動できる交通システムにおいて、低速超小型電気自動車を運転する高齢者が、誤運転した際の緊急停止システムを考えてみましょう。

この場合に、万が一、期待どおりに作動せず重大事故が起こったときに、その事故責任がすべて自動車メーカーに来るようであれば、メーカーは緊急停止システムを開発する意欲がなくなると思われます。

しかし、100%は無理でも9割方の事故が防げる技術であれば、社会としてはぜひ導入すべきものです。

したがって、これはシステム開発の課題であるとともに、社会の受容性の問題であるともいえるでしょう。

また、「バリアのある段差を乗り越えることができる電動車いす」という商品を想定してみると、玄関や歩道の段差を乗り越えて自由に行き来できる、古いマンションで風呂の入口に段差があっても楽に入浴できるといったメリットが考えられます。

しかし、段差を乗り越える際に、転倒の危険性がないわけではありません。転倒したときは、どこまでが製造責任であり、どこからが自己責任か、その線引きをどのように考えるべきか、まだ明確な方向性が出ているわけではありません。

このほか、個人情報の取り扱い、医療機器におけるさまざまな規制など、高齢者支援技術は社会の法制度と密接に関係してくる部分も多いのです。

先端的なロボット技術や情報通信技術などをうまく使えば、高齢者が自立していきいきと暮らせる期間を長くすることが可能になっていくと考えられます。しかし、その社会導入・産業化にはいくつかハードルがあり、特区等での社会実験や規制緩和などを経ていくことになるでしょう。

また、異分野連携などによるニーズの掘り起こしでマーケットの顕在化を推進する、新たなビジネスモデルをつくり出すといったさまざまな形での努力を重ね、産業化を進めることが望まれているのです。

3 豊かさを実感できる超高齢社会へ

これからの高齢者は「老人」ではない

過去50年のあいだに平均寿命は30年近く延び、60歳になっても、人生はさらに20年前後あり、30年以上生活される方ももはや珍しくありません。

そして、65歳を超えていても、「老年期」と呼ぶのがふさわしくない元気な人々が多数派になっています。

しかし、わたしたちはまだ60歳以降の望ましいライフスタイルを確立できていないのが現状です。そして、超高齢社会を目前にして、新しい社会システムを構築するということが、社会全体の課題です。

東京大学の秋山弘子教授の研究では、15年後に男性が変わらず元気でいるための一番大きな要素は社会活動であり、女性は精神的な自立だとの結果が出ています。

これからは、75歳までは以前の65歳未満のように活発に社会活動し、75歳以上も「後期高齢者」という言葉の響きとは程遠いイメージで元気に暮らす時代になったといえるでしょう。

そこで「次世代の社会システム構築にもう一肌脱ぐという新たな高齢者像」という新しいライフスタイルを確立できれば、健康寿命を伸ばし、日本の未来づくりに貢献し、若者の目標とされる新しい高齢者像が描けます。

やるべきことはたくさんあります。

「幸せな超長寿社会」を高齢者自らが切り拓くことができれば、とても痛快な社会像が描けるのです。

超高齢社会には、ボランティアのような社会貢献から自ら起業するマイクロビジネスまで、65歳以上が挑戦できるたくさんの仕事があります。

日本のあとから超高齢社会に突入するアジア諸国に、成功した超高齢社会ビジネスモデルを広める仕事もあるでしょう。

この高齢者の社会活動を活性化する仕組みは、これからの重要なテーマです。

高齢者の社会活動や就業は、健康増進による医療費や介護費用の削減などにも直結する波及効果も期待できます。何よりも生きがいとなるものを見つけて、自分自身の幸せを膨らませることができるのです。高齢者は、守られる存在から再び若い世代を導く存在になり、現役世代や若年層とのいい関係を再構築できます。

なにも、特別な高い目標をもつ必要はありません。いまと同じ仕事や活動を行うにしても、未来のビジョンを共有するのと、そうではなくただ生活のために活動するのでは、意欲や働くプライド、若い世代の見方が変わってきます。

高齢者の方々から、「ボランティアでは長続きしないが、気は心で、安くてもいいから多少なりともバイト料が出るのだったら、社会貢献もしたい。多少嫌なことがあってもがんばる」というような意見を聞くことがあります。そうした人々の背中をちょっと押す仕組みが、新しいライフスタイルを確立させるのかもしれません。

また、健康増進に努力するだけでも、十分な社会貢献と呼べるのではないでしょうか。特定健診の受診率の低さに代表されるように、継続的に健康づくりを行うことは意外に難しいものですが、「ウェルネス保険」や「ウェルネス割引」といったような、健康増進に努力している人は少し得をするような仕掛けがあると、健康づくりも楽しくなるかもしれません。

身近なところでは、体の弱った高齢者を支援するさまざまなマイクロビジネスやボランティア活動が期待されます。

在宅看護や介護、日常生活支援、移動支援、農作業や園芸指導、コミュニティ運営やイベント開催、バリアフリーリフォームや転居の相談・斡旋、資産管理や法的サポートなど、多岐にわたる活躍の場があります。

モニターとして、高齢者のニーズから開発される新しい商品・サービスづくりに参加するとか、あるいは新薬開発や予防医学で、治験やデータ蓄積に協力していく場合もあるでしょう。

発展的に考えれば、身近なところから始めた高齢者支援サービスのマイクロビジネスを高質化・効率化して大きなビジネスに仕立て上げていく、さらにそれを海外展開するというような夢も描けるかもしれません。

夢をもって前向きに働きたい元気な高齢者が数多くいて、社会の側にも高齢者向けのたくさんの仕事があるとするなら、高齢者がそれまでに培ってきた専門性や能力、人脈を活かせる「次世代の社会システム構築にもう一肌脱ぐという新たな高齢者像」は実現可能なのです。

すでにその萌芽は、全国で芽生えてきています。

その流れを、意欲ある人なら誰もが参加できる仕組みにつくり上げていけばいいのです。道のりは、あと一歩のところまで来ています。

超高齢社会を逆手にとる「新」成長戦略

超高齢社会のさまざまな課題を解決するためには、さまざまな分野が連携しなければなりません。そういうと、大変な課題のように感じるかもしれませんが、超高齢社会における成長戦略のヒントも、じつはそこに隠されているのです。

公民学、異分野連携が社会的課題を解決していくとき、そこに新たな価値が生まれて課題が解決されているわけですから、その課題解決の力は新しい成長戦略のエンジンになるはずです。

公は公、民は民、学は学において業務遂行がなされ、各専門分野の深化が成長を支えてきたいままでの社会では気づかれなかった、新しい価値の創造が起こっているはずです。

たとえば地域全体がひとつの病院としての機能をもって生活者を支援する。こうした事業形態は、自治体単独あるいは一民間企業ではできません。

公民学の連携が必要ですし、NPOや地域住民との連携も必要となります。

企業も、医療や介護、建築、商業、その他のサービス、あるいは機器開発のメーカーやICT産業など、異業種間の協力が不可欠です。

それらが、あたかもひとつの社会システムであるかのように連携して、満足度の高いサービスを提供する、そうした事業形態が今後さまざまな分野で求められてきそうです。

公共部門と民間企業、住民個人の目標は異なり、したがって判断基準も異なるのが通常です。民間企業同士でも異なります。

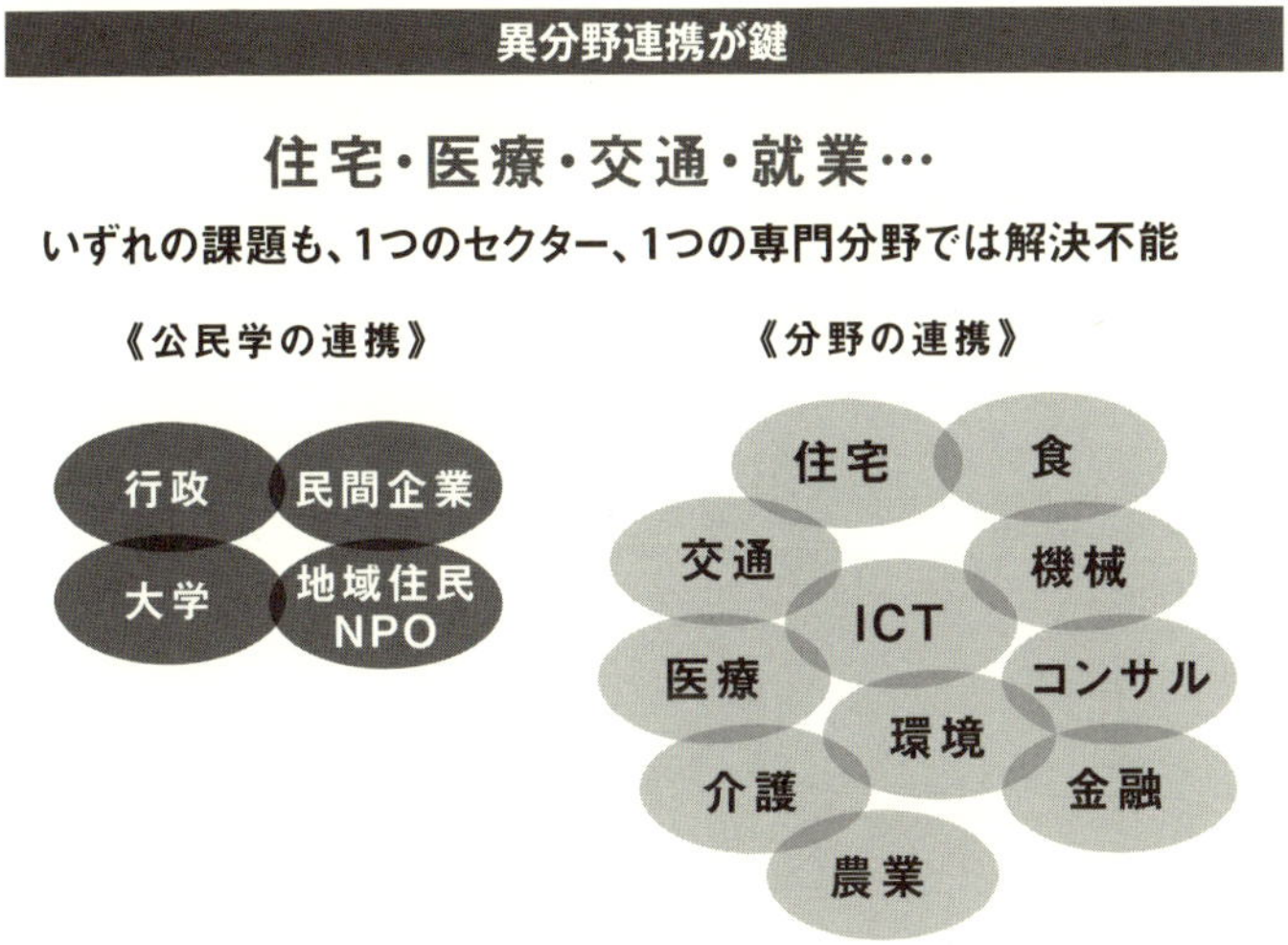

そうした異なる主体同士が「お互いが得をする」いわゆる「ｗｉｎ－ｗｉｎの関係」で長期間安定的に事業運営していく仕組みというものは、まだ確立されていません。

しかし、もしこれを実現できれば、社会的に大きな価値を生むことが予想されます。これを「社会システム産業」とでも呼べばいいのでしょうか。

超高齢社会には、さまざまな事業機会が埋もれています。それを具体化する有効な方策はまだ見つかっていませんが、そうした社会システム産業を構築できれば、多くの事業機会を発掘できそうです。これをチャンスととらえることは可能でしょう。

今後は、そのような新しい価値創造の形が求められてくるのです。

そもそも日本の特長は、公共部門はもちろんのこと、個人や民間企業であっても、目先の利益にとらわれず長期的な視点に立ち、社会的意義に価値を見出す人や組織が少なくない点です。これを「日本的価値観」と呼ぶこともできるでしょう。これが社会システム産業を生み出す素地になるものと期待されます。

新事業分野は常に大きなマーケットから成長するものです。「超高齢社会ビジネス」が、日本発の世界的な産業になることは夢ではないのではないでしょうか。

既存分野にも事業機会がある

また、先端産業も重要ですが、既存分野にも多くの事業機会があります。

経済的に豊かな諸外国を見てみると、必ずしも先端産業だけに頼らずに経済的な豊かさを保っている国がいくつもあります。

既存分野の成長過程で、その延長上にマーケットインの視点に立った先端ニーズが見出せ、新たな先端産業が育つというシナリオもあり得るでしょう。

しかし、市場の論理だけでは、多彩な部門が長期的に「ｗｉｎ‐ｗｉｎの関係」を維持することは難しいのが現状です。これを支持し促進する制度や、さまざまな支援策を検討していくことが必要です。

たとえば「リバースモーゲージ」という、自宅を担保にして生活資金を得る仕組みがあります。

死後に自宅を売却して返済するのですが、不動産の下落リスクがあるために、普及が難しいのが実態です。しかし考えてみると、残留リスクを公共部門が引き受けても、高齢者がそれによって得た生活資金を支出すれば、所得税や法人税という形で公共部門に還元されます。残留リスクを、将来得る見通しの税収入の範囲内に収めれば、スキームが成り立つわけです。

ただし、このとき、残留リスクを引き受ける公共部門と税収を得る公共部門が協力しないと、このスキームは成立しません。こういった部分に一つひとつメスを入れていく必要があります。

高齢者が積極的にモニターとして参加した、ニーズから生まれた高齢者向け商品・サービスを開発できる枠組みができ、効果が実証されてブランド価値が高まれば、強い産業が生まれることが期待できます。

健康という視点からの、農林水産業の高付加価値化、輸出産業化という夢も埋もれているかもしれません。

そこでは、民間企業と高齢者個人が効率的にうまくコラボレーションする仕組みが必要です。

さらに別の例を出すと、地方の日常の買い物にも不便を来すようになる地域においては、ＩＣＴ（情報通信技術）を活用した効率的な商品供給の仕組みが必要になりそうです。

しかし、20年後の後期高齢者が、みんなパソコンを使いこなしているとは期待できません。高齢になると、パソコンの画面を注視するのがつらいという声もあります。

そこでテレビの大画面と使い馴染んだ電話を使い、インターネットを意識しないで受発注、決済を行い、効率的な共同配送と合わせた仕組みが想定されます。

この場合も、多彩な業種が一体的なシステムを連携して運営することが必要です。

また、現状ではまだ技術的に不完全な音声認識・自動翻訳機能をユーザーの日本語能力で補完して使い、外国人の方との会話がなされるようになれば、日本にいたままで海外とのコミュニケーションやビジネスを進める高齢者という新しいワークスタイルも確立できるでしょう。

このような例は数多く想定されますが、従来の供給側からの展開だけでなく、当初からユーザーサイドとの連携が求められることも多いでしょう。

問題にこそチャンスがある

「社会システム産業」と呼べる新しい事業形態を確立できれば、今後急速に高齢化するアジア各国でも役立てられます。

中国、韓国、インドなどが近い将来高齢社会に対応しなければならなくなったとき、先行する日本のノウハウがきっと必要とされるでしょう。社会システム産業は従来のような商品製造と異なり、人の教育や組織間の調整など、簡単に真似できない要素が中核となるからです。

高齢者が次世代の社会システム構築に尽力するという新しいライフスタイルを確立し、社会システム産業など超高齢社会を逆手にとった成長戦略を実現できれば、わたしたちが今後抱える多くの問題を解決できる可能性があります。

公民学・異分野連携でひとつの社会システム産業を生み出せれば、次の社会システム産業を生み出せるという自信が湧き、超高齢社会の未来展望が開けてくることが期待できます。

難題が積み重なっていても、じつはそれが新しい産業の芽なのだと理解することができれば、わたしたちは幸せな超高齢社会の夢を描くことが可能になるのです。

「社会のパラダイムが転換する」という認識の広がりが、次世代の社会システム構築という未来への糸口につながっていくことを願いたいと思います。

豊かさを実感できる超高齢社会へ

基本的な生活に困ることなく、高齢者が新しいライフスタイルを確立して生きがいを見出し、元気なうちは仕事をして生活の糧を得ることもできる。そのような姿が実現したとき、さらに求められるのは、人とのつながりと生活環境です。

わが国の住宅の一人あたり畳数は1978年の7・8畳から2003年には12・2畳と、約1・5倍に増えました。都市公園面積も、1970年ごろには2万ヘクタール超しかなかったものが、2008年には11・5万ヘクタールまで充実してきています。

全国津々浦々に豪華な図書館やさまざまな公共施設ができ、新幹線網や高速道路網も広がりました。商業施設も昔に比べれば随分おしゃれになり、飽食の時代といわれるように、おいしい飲食店も増えました。それぞれの家も、昔に比べれば随分ときれいで機能的になりました。

それでもなお、生活の豊かさが問われているとすれば、ここでわたしたちはあらためて「豊かさを実感できる社会とはどんなものか」を問い直してみる必要がありそうです。

超高齢社会を迎えて、これからはもっと不安な状況を生み出しかねない危険性が潜んでいます。

建て替えが進まず、住む人が減って外壁落下防止ネットに包まれたマンション、荒廃した空き地や空き家が散在し治安上も問題を抱えた住宅地等々、愛すべき街の姿からは程遠い、心がすさむような寂しい街並みになっていく可能性も否定できません。

実際に、所有者は不在のまま放置された空き地に悩む街もあちこちに出始めています。

高齢で、家や庭先の管理まで手が回らない人も増えていくでしょう。

そうならないための方策を、いまから考えておく必要があります。

街を支えるさまざまな機能が必要

超高齢社会には施設整備だけでなく、街を支えるさまざまな機能が必要になってきます。

元気な高齢者が社会参加し活躍していく場と、それを促していく仕組みが必要です。

その力は、体の弱った高齢者を支援し、最後まで自宅で安心して暮らせる街をつくります。

独居高齢者の見守りや病院への送迎、バリアフリーへのリフォームなど、活躍の場はたくさんあります。

それは、子育てや緑の保全、治安など、若い世代を含めてすべての人々の生活を豊かにする原動力になります。

温かい表情の建物や緑豊かな空間が長く人々に愛され、気持ちよく歩く散歩道沿いにくり返し立ち寄りたくなる場所があれば、そこでの何気ないあいさつが人々のつながりを生み出し、心が和む街になっていきます。

空き地は柵がされて雑草が伸び放題になっているのではなく、昔のように子どもたちの遊び場になり、高齢者が木陰で腰を降ろして会話する場であったり、あるいは市民農園として楽しみの場になって、緑豊かなまちづくりに活かされていく。そこでもきっと、元気な高齢者の力が役に立っていることでしょう。

また、医療、在宅医療・看護から介護、配食、日常生活支援までの機能が連携する仕組みも必要です。

商業機能が低下した地域では宅配の機能が必須となります。

一緒に健康づくりに取り組む場所や心をひとつにするイベントも大切です。学びの場や共に社会的課題解決に取り組む場が、人々の温かいつながりをつくっていきます。

街路整備や建築というハードが中心だったこれまでの時代に比べ、これからは地域の人々が協調し支え合う機能というソフトがあって、はじめて街の価値が維持されていきます。

一部の人の善意や苦労だけに頼っていては、そうした街の機能は成長していきません。法制度や政策にも反映され、社会の仕組みとして整備される必要があります。

たとえば、老朽化したマンションを建て替えようというとき、そのために高齢の管理組合理事長が自費で遠隔の不在所有者をくり返し訪ね、建て替えの同意を取り付けなければならないとすれば、不合理な話です。

空き地や空き家が放置されれば、環境や治安上の問題を近隣に及ぼします。遊休施設や空き家は、元気な高齢者の社会参加の場として提供されてほしいものです。

街の運営機能は、住民が協力し合わなければ動きません。

ひとりでも多くの人が協調できる仕組みをつくろう

振り返ってみると、かつての高度成長期にわたしたちが得た膨大な富は、橋、道路などのインフラ整備や数多くの建築物に投入され、今日の街を形成してきました。

しかし、土地利用の合意形成には長い時間を要し、困難な状況が多く生まれて計画的な宅地供給が迅速に進まず、その結果としてたくさんの無秩序な開発を招いたことも事実です。

幹線道路網の整備には多大な費用と人手、時間を費やしたにもかかわらず、街路は狭いところが多く、快適性は決して高いとはいえません。街路樹があっても、管理の都合からかわいそうなくらいに枝を切り落とされています。

高騰する相続税対策のために、いびつな形状や狭小な宅地に多数の建物が建設されました。せっかく建てられたマンションやビルも、法定耐用年数65年を待たずに建て替えを余儀なくされるものが多数あります。

大切な自然環境を破壊し、無機質な空間をたくさんつくってきました。いままでは無用の長物となった宅地や施設も数えきれないくらいあります。

欧米の先進国を歩くと美しい街並みが多く、自然環境もよく整っており、過去に蓄積された富がうまく活かされて現在の生活を潤していることがわかります。

わが国でも高度成長期に多くの富を得たはずですが、他方では富を著しく減らしてしまったといえます。これはとても皮肉な結果ですが、その要因のひとつが、まちづくりにおいて土地の所有権を絶対視した点にあることも直視しなければなりません。

これからは、街の機能が、地域や個々の施設、住宅の価値を維持、向上させていく時代になっていきます。そうなれば必然的に、所有権と公益性のバランスといった、これまではあまり問われてこなかった点にも、踏み込んで見直していくことが求められてきます。

過去の残念な経験の原因は、一体性を欠いた税制や経済政策にもあります。

これからは、それぞれの制度や政策がどのように個々の人の社会活動や建築活動を誘導していくのか、全体として先を見通した分野横断的な制度設計が求められていくでしょう。

社会のパラダイム転換により、もう住宅難に慌てふためくことは少なくなってきそうです。ただしそのかわりに、まちづくりのあり方には変革が必要になってきます。

千葉県柏市柏の葉の風景

街の機能が地域の価値を左右する社会では、公民連携のタウンマネジメントが必要となり、不動産の所有権にも一定の公益性が求められてきます。社会貢献が適正に評価され、多くの人が分野や組織、立場を超えて連携していくことが求められます。

いまの厳しい財政や低い経済成長下で、あるべき姿を実現するのは簡単なことではありません。しかし、所有権者や住民間の協調を円滑化するルールや仕組みができれば、経済的余力が少なくなる超高齢社会においても、豊かさを実感できる生活環境は構築できるのではないでしょうか。

そのための一歩を、ひとりでも多くのみなさんと踏み出したいと思うのです。

第8章

ビジョンの共有に向けて

「超高齢未来」へのメッセージ

豊かな超高齢社会の実現のために

ここまで見てきたように、超高齢社会を明るく豊かなものにするのは、決して簡単なことではありません。

しかし、わたしたちが向かう未来がまったくの暗闇で、何も見えない絶望的な状況だということではないのです。超高齢社会を、一人ひとりが豊かに明るく暮らすことのできる、活気に満ちた社会にするための道筋は、たしかに見えはじめています。

世界に先駆けてわたしたちが直面しているいまの危機的な状況は、日本が課題解決先進国として世界のトップランナーとなるための、大きなチャンスでもあるのです。

課題があること＝ここに満たすべきニーズがあることを前向きにとらえ、多くの人々が同じ方向を向いて力強く歩んでいくためには、まずビジョンの共有が必要です。

本書の締めくくりに、ジェロントロジーによる社会改革の推進を担う4人からのメッセージをお届けします。

秋山　弘子（東京大学　高齢社会総合研究機構　特任教授）……司会
大内　尉義（東京大学　医学系研究科　加齢医学講座・老年病科　教授／高齢社会総合研究機構　運営委員長）
森田　朗（東京大学　法学政治学研究科　教授／政策ビジョン研究センター　前センター長）
小宮山　宏（三菱総合研究所理事長　東京大学前総長）
（発言順）

人類の夢であった長寿が実現できたいま、「健康長寿」が目標に

秋山　持続可能な高齢社会を実現するためには、「長寿」と「健康」と「経済」を上手にリンクさせていくことが必須だと考えています。そこでまず、この点について話を進めていきたいと思います。

寿命を延ばすということは、人類の長い間の悲願であり、医学を中心とする生命科学の目標でもあったわけです。いま日本の平均寿命は83歳、女性はついに86歳を突破しました。こういう状態にあって、医学を中心とする生命科学のめざすものとは何なのでしょうか。

大内　昭和30年ごろ、日本人の平均寿命は男性が64歳、女性が68歳でした。先進国の中でも、日本は最低レベルだったのです。人間の生物学的な寿命というのは、120歳くらいと考えられていますが、それにはるかに及ばなかったわけです。

そのころの医学・医療の目標というのは、やはり命をいかに助けるか、救うか、永らえるかでした。そのためのさまざまな努力が功を奏して、今日、寿命が非常に延びたわけです。

日本人の栄養状態がよくなり、たとえば良質なタンパク質をたくさん摂るようになって、血管が丈夫になりました。また、降圧薬をはじめ、優れた薬剤が多数開発され、血圧のコントロールなど生活習慣病の的確な治療ができるようになりました。

これらにより寿命が延び、1980年代の前半には、日本の平均寿命は世界のトップレベルになったのです。

現在の平均寿命は男性79歳、女性86歳です。昭和30年のころと比べると、20年近く延びているわけです。織田信長のころ、「人生50年」といわれていた時代と比べると、30年、40年延びていることになります。

そういう時代で、何が医学・医療の目的かというと、寿命を延ばすということだけでなく、健康でいられる期間をできるだけ延ばす、その人がいかに人間らしくQOLを保って生きられるか、あるいは自立して生きられるか。それが目標になったということなのです。

「健康寿命」という考え方です。

たとえば骨粗鬆症ですとか、認知症ですとか、これらは、わたしたちが医学生だったころには習ったことのない疾患です。世界的に見ても、年をとって惚けるのは当たり前ですし、だんだんと背中が曲がってくるのも、いわゆる生理的な老化と考えられてきました。そうではなく、きちんと予防なり治療なりができるものだということが証明されたのは、ここ15年くらいなのです。

これに象徴されるように、健康寿命をいかに延ばすか、ご本人のQOLをどう保つかということに非常に力点を置くようになったことが、医学・医療の歴史としてあるのです。

高齢社会における新しいニーズを、チャンスとしてとらえよう

秋山 平均寿命が延び、そして健康寿命が延びてきた。この長い人生に経済・社会をきちんと結び付けるというのが難しいところだと思いますが、いかがでしょうか。

森田 長寿と健康と経済という観点から現実の問題を見てみますと、やはりまず医療費の負担について考える必要があります。2009年で35兆円を超えており、2030年には70兆円ほどになるのではないかといわれています。この負担をどうしていくか。

抑制はずっとやってきましたが、やはり医療の質を下げるわけにはいきません。では、仕

組みとしてどう効率化していくのかという話になってきますが、それにも限界があります。だとすると、健康で長生きすることの価値がどういうことなのか、それを考えなくてはいけないでしょう。負担との関係でそれを考えていかなくてはいけないと思います。

昔の医学では「これ以上はわからない、治療が難しい」というような状態であっても、いまはたとえば脳の0・5ミリの血管が切れているというのがわかる。わかるのですから、それは治療しなければならない。手術しなければならない。そういうことで、医療費がとてもかさんでしまう。この問題をどうするかということです。

今後、日本のどこに住んでいても、そういう高度医療を受けられるようになったとき、その負担をどうしていくか。これはかなり大きな問題です。難しい問題ですが、逃げずに議論しなければならないと思います。

大内　わたしたち医療者側が医療費をどのように考えているかというと、基本的に、いまの日本が医療費を使いすぎているとは思っていないのです。高齢者が増えますから、医療費が増えるのは当然です。そこで、医療の質を上げることで、医療費の上昇を緩やかにすることを考えなければならないと思っています。

医療の質を上げることで医療費の上昇を抑えるというのは、どういうことか。

たとえば高齢者の肺炎は、毎食後の5分間口の中をキレイにするだけで半分に減るのです。それを医療に取り入れていく。いままでは肺炎を起こして抗生物質を使ったから医療費はいくらという発想でしたが、そうではなく、口腔ケアで肺炎を予防する。これによって医療費が節約できるのです。

超高齢社会を迎えるにあたり、医療はそういうことを考えていかなければいけないとわたしは思っています。

森田 医療の効率化、医療費の削減のためには、ＩＴの活用も重要です。

ＩＴによって、医療費が仮に減らないとしても、少なくとも同じコストにおける質が随分上がる。これは大きなメリットだと思います。

たとえば学問の世界では、サンプル調査をやった場合に、必ず「このサンプルは適切なのか」という問題が出てきてしまいます。そうすると、そこから前に進めなくなってしまうのです。データを全部集めるしかない。

そこで、これはもちろん匿名化された情報でいいのですが、いわゆる疫学的なデータがほぼリアルタイムで全数出てくるように患者さんの医療データを蓄積しておいて、さまざまな医療機関で見ることができるようにすると、膨大なエビデンスにもとづく医療が実現することになります。これは間違いなく医療の質が上がります。こういうことが、技術的に可能な時代になってきたのです。

さらにこれをうまくやれば、医療機関と患者さんとのマッチングにも使えます。資源の効率化になりますし、医療機関の経営の最適化にも活用できるのです。

また別の側面では、健康でも、高齢化によってどうしても体力は落ちてしまいます。QOLの話が出ましたが、食べる、着替える、排泄するなど、人間の基本的な動きの機能が低下してくるのです。肉体的な能力だけではなく認知症などもそうですが、そうなると日常生活そのものが難しくなります。

この問題は、さまざまな技術開発によって、かなりカバーできるでしょう。新しい技術によって生活の質を維持し、高めていくことができると思います。

このことを経済の側面からいうと、高齢者の需要に応えるということをビジネスチャンスとしてとらえることができる、ということです。

いまの日本では、高齢者が資産をもっていて、それをどうやって日本の経済の活性化のために動かせるかが鍵になっています。高齢者の生活の質を高めるためのサービスや商品を供給していくことによって、高齢者がもつ資産が動く可能性があるのです。

ただ難しいのは、いまの日本経済や財政がなかなか上向きにならないものですから、老後の不安があって、寿命が長くなればなるほどお金をみんな抱え込んでしまう。それをどういう形でうまく、自分のQOLと社会の経済をよくするために使ってもらうようにするかというのが、知恵の出しどころだと思います。

アジアの国を見ますと、韓国は日本より急なカーブで高齢化が進んでいますし、台湾もそうです。また、ケタ外れの規模で今後10年くらいで高齢化が進むのが、中国です。日本と同じように、高齢社会の問題にアジアの各国が遭遇してきた。

ここでも新しいニーズが生まれてきているのです。それをどういう形で経済に結び付けていくべきかというのが、ジェロントロジーのひとつの役割だと思っています。

それから、高齢者の労働や雇用について考えてみると、経済的に価値を生み出すような仕事、産業がどうやってできてくるか。若者でもなかなか職がない状況で、高齢者の就労機会をどうやってつくっていくか。平均賃金を下げてでも、広く就労の機会をもつことができるかどうか、社会の仕組みを変えていくことができるかということが課題です。

現役世代にも配慮しながら、バランスをとって考えていく必要があります。高齢者の資格や長年の経験が活かせるような新しい職業や就労形態などを開発するなど、きめ細かい工夫が必要でしょう。

超高齢社会には大きなニーズがある。ここには希望があふれている

秋山　元気な高齢者は、社会資源でもあります。小宮山先生の目から見て、高齢社会はどの

ようにとらえられるでしょうか。科学技術への期待も大きいと思いますが。

小宮山　最近、年齢と能力の関係についての研究が進んでいます。肉体的な能力のピークは20代で、あとは落ちていきます。ですが、知的な能力は70歳まで増えつづけているのです。

人間の能力が歳とともにすべて衰えていくと思うのは大きな間違いです。ここが鍵だと思うのです。高齢者の「知恵」を使うということです。

たとえば、徳島県の上勝町には、有名な「株式会社いろどり」の「葉っぱビジネス」という成功例があります。

地元の高齢者たちがインターネットを駆使し、マーケティングを行い、全国の料亭に一年中いつでも「つまもの」を届けるのです。あれはじつは、たとえば真冬でも桜のつぼみを届けることができるように、ITと温室の技術でつくっている賢い産業なのです。年収1000万円を稼ぐ人もいるそうです。

しかも、これがビジネスとして成功した結果、上勝町の高齢者一人あたりの医療費は年間60万円強にまで減りました。徳島県には26の町があるのですが、一番多くかかっているところで、100万円近いのです。

これは、先ほど森田先生がおっしゃった医療費負担の問題解決へのヒントでもあります。

つまり、働いてお金を稼ぐほうが、病院にいるより楽しいわけです。高齢者の方たちが働き、元気で社会に参加できれば、医療費も減り、未来が変わるのです。

それから、高齢者のもっている資産をどのように流動させるかという点について。

じつはお金を稼ぐ高齢者は、稼いだ以上に使うというのです。上勝町の人たちは孫に車を買ってあげたりしているそうです。個人の固定化した資産を社会に回すためには、高齢者が社会参加できる状況をいかにつくるかということが課題なのです。

次に技術の話をしますと、たとえば、膝の筋力が少し衰えると動けなくなったりしますが、そのサポートとして期待される技術に、ロボットスーツがあります。それを早期に実用化させなければなりません。

あとは社会システムです。

これはゴルフ場では運転者なしで車（カート）が動いているわけです。あれを一般に普及させられないか。近くの商業施設が閉鎖しても、自分で買い物に行けるようにする社会のインフラがあればいいですね。

中国はあと5年で生産人口が減りはじめます。これは明確に統計で出ています。インドも中国から10年少し遅れて高齢化するといわれています。中国とインドが高齢化したら世界中が高齢化です。このための産業をどうつくっていくかが問われています。

大きなニーズがあり、マーケットがあるわけです。ここには希望があふれています。

秋山　マーケットのニーズを把握して新しいものをつくるためには、これは国際学会でも大変注目されていますが、社会実験が非常に重要ですね。

小宮山　そのとおりです。これからの超高齢社会は、誰も経験したことのない社会です。

こういうときに、頭だけで考えてもダメなのです。机上のプランでは問題がないように見えても、実際にやってみると、期待と全然違う、ということがあるのです。

たとえば、高齢者のコミュニケーションをITで支援しようというときに、実際の使い勝手のような部分で、「こういうITだとみんな嫌がって使わないのだけれど、こういう使い方ならみんな喜んで利用する」ということがあるわけです。「こういうものは欲しいですか」と聞いて、「欲しくない」といわれても、実験したら「使ってみるといい」と大好評だったとか。もちろんその逆もあります。社会実験をしないと、そういうことがわからないのです。

「90年も生きられる人生」を楽しむために

秋山　人生90年時代のいま、個人の選択の自由度が増しています。若い人たちは、これから設計できる人生が70年くらいもある。これはとてもうらやましいことだと思います。

たとえばまったく違う仕事を2つやるというのも十分可能な話です。教育も2回、3回受けることができる。そういう新しいライフデザインが可能になってきた社会ですから、人生

50年の感覚を捨てて、新しい人生設計を始めるべきだと思います。

森田 そもそも、なぜ定年が60歳に決まったのか調べてみましたが、よくわからないのです。定年を60歳に決めたのは、昭和のはじめか、大正のおわりですが、じつはそのときの日本の平均寿命は50歳前後でした。つまり、定年イコール平均寿命だったのです。多くの人が亡くなる年齢あたりを定年としていたのだとすると、いまの定年の考え方は変える必要があるということになります。

秋山 ニューヨーク警察の定年は45歳です。だから、はじめから2つキャリアをもつという人生設計になっているわけです。いまの若い人ははじめから2つ仕事しようと思っている人が増えてきており、いままでの人生と随分違うのです。

人口がピラミッド型をしていたときにできた社会のインフラを、高齢者が人口の3分の1を占めるような超高齢社会のニーズに対応するように変えていかなければいけません。

そういうマクロレベルの変革と、90年の人生を自由に設計していくという個人レベルの変革。その両方を、コミュニティで一緒に考えながらやっていくということが非常に重要なことだと思います。逆にいうと、わたしたちは、これからのコミュニティを、ミクロとマクロの両方から設計することができる。それはとても魅力的なことだと思います。

小宮山 たとえば60歳までは週5日働くことを選んで、そこから週4日、週3日、週2日というように、80歳までは働きつづけるのが当たり前になるといいと思います。雇用のシステムも非常にフレキシブルなものになるべきです。

また、一人ひとりが手に職をもつことが重要だと思います。

知識が細分化している現在、仕事も細分化され、専門家の知識がきわめて尊いということになっています。たとえば金型を磨く人もそうですし、植木屋さんもそうです。

ひとつのことをきちんとできる人の集合体でないと、これからの社会はもたないでしょう。たとえば、農業をするのも大変です。おいしいものをつくるのは、それこそ専門家の集まりでないとやっていけません。そこにこそ、高齢者の知恵が生きてくると思うのです。

ジェロントロジーが、日本を世界の中心にする

秋山　これからの新しい社会のために、ジェロントロジーができることを考えてみます。

わたしは若い人たちを育てたいと思っています。それぞれ専門をもつ学生たちに、横軸として、自分の専門を応用して高齢社会の問題をいかに解決していくかということを、学生時代から考えてもらいたい。

医学生であっても、工学の人や教育学の人と一緒に同じ研究フィールドでトレーニングを受ける。ひとつの問題を解決するために、みんながそれぞれの専門分野からアプローチし

て、一緒に解決していくというトレーニングを、大学でしたいと思っています。

大内 高齢者の問題を解決するにはもちろん医学も必要ですし、経済学も必要ですし、工学も必要です。しかし、それらを統合しないと新しいものは出てきません。

たとえば鎌田先生が進めている、高齢者にとって便利な自動車はどういうものかという研究を例にとってみますと、まず高齢者の体の変化を知らないといけないし、判断力や、視覚についても理解しなければならない。総合的に研究しないとできないわけです。

各分野の知恵を集めて、高齢者にとっていい社会をどうやってつくっていくかという具体的な取り組みはこれからです。

自分の専門に埋没しているほうが本当は楽かもしれません。総合的な研究はブレイクスルーを求めてやろうとすると大変なのです。

だから、いままでなかなか乗り越えることができませんでした。しかし、高齢者に関する総合的な研究をこれからやっていかないといけないし、やっていきたいと思っています。

森田 ジェロントロジーの出発は老年学で、医学や看護も含め身体的な機能の低下の研究がベースになっていました。これからは、もうちょっと広く社会のあり方を見ていく必要があり、そうすると、高齢者が快適に生活するためには、まだまだ発見されていない問題が出てくると思っています。

たとえば住宅問題に関心をもっています。これは都市部では深刻な問題です。

まさにいま、東京大学高齢社会総合研究機構が柏の豊四季台団地でＵＲと一緒に取り組んでいますが、高齢社会にとって住宅はどうあるべきなのか。

たとえば足が悪くなってしまった高齢者にとって、エレベーターが使えないようなマンションというのはほとんど価値がないわけです。しかし、社会的にその問題にどのように取り組んでいくかというと、まだ具体案はほとんどありません。

また、一人暮らしの高齢者、とくに認知症の方のケアの問題についても、これから解決していかなければなりません。いま、水害の警報は避難できるように2時間前に出すことになっています。しかし、寝たきりの人は2時間で避難できないかもしれません。

つまり、超高齢社会の設計においては、まだまだ空白の問題域がたくさんあるのです。ですから、ジェロントロジーによって、そうした新しい社会に対しての問題のマップをきちんと描いていって、どこが空白であるかを明確にできたらいいと思います。

ある部分だけにＩＴや高度な技術があったとしても、大きなところが抜けて落ちていると必ずひずみが生まれてしまいます。そこを埋めていくというのが必要だと思いますし、それができるのがジェロントロジーではないでしょうか。

小宮山　数学でも宇宙論でもそうですが、たとえば星を見ていると、あの先は何だろう、という好奇心が生まれます。それがニーズです。学問はニーズから生まれているのです。ぼくたちはいい社会が欲しい。それこそが、ジェロントロジーが満たすべきニーズだと思います。

世界の「中心」は、時代とともに移ってきました。フランス革命のとき、フランスは世界の経済の中心であり、同時に文化の中心でもありました。その次には、産業革命でイギリスが中心になりました。さらにドイツ、近年アメリカへと、世界の「中心」は移ってきた。わたしはそのように思っています。

ここで重要なのは、世界の中心になる国には、世界をリードする経済や技術や軍事だけではなく、文化があるのです。

この次に世界の中心となるための要素とは何か。

それは、超高齢社会をどうやって魅力あるものにするかということではないでしょうか。

そしてその解決の一番近くにいるのが日本だと思います。

ジェロントロジーによって、超高齢社会を幸せな長寿社会にする。そのとき、世界の中心は日本になるのだと信じています。

おわりに

秋山弘子教授が、国際学会などでパネル調査の結果や日本の人口ピラミッドの将来予測を示すと、会場からどよめきが起こります。

それほどまでに、日本の高齢化は、人類がかつて経験したことのないようなレベルになっていきます。まさに日本がフロントランナーです。

高福祉社会の北欧の国々も、経済成長目覚ましいアジアの国々も、日本がどのような超高齢社会を築いていくのか、興味深く見守っています。

はたして、模範となる先行例となるのか、反面教師の例となるのか。それは今後10年、20年をどういう国をめざしてどのように過ごしていくのかにかかっています。

これは国の政治レベルだけの話ではありません、わたしたち一般の国民がどういう意識をもって人生設計を変えていくのかが重要です。

本書で何度も繰り返してきたように、超高齢社会の問題は、一人ひとりの人生の問題でもあります。

自分自身と家族の永い人生を、どうやって生きるか。

どう過ごせば幸せになれるのか。そのために何が必要なのか。

それを誰かに考えてもらおう、誰かにつくってもらおうというのではなく、自分ができることは何なのかを考え、行動を始めていくことが大切なのではないでしょうか。

わたしたちは後世に何を残していけるのか。

そういった視点による新しい国づくり、まちづくりが必要です。

本書を読んで、そういう方向にがんばろうという人が、ひとりでも多く出てきていただければ、著者・編者一同この上ない喜びです。

いまも千葉県柏市で、福井県で、そして日本中のさまざまな場所で、これからの超高齢社会を明るく豊かなものにするための取り組みが、少しずつではありますが続けられています。

本書は、東京大学高齢社会総合研究機構とともに、さまざまな取り組みをしてくださっているそうした数多くの方々の、絶え間ない努力の成果のひとつです。

本の作成にご協力賜った関係各位に、厚く御礼申し上げます。

この書籍は、左記の研究者のご協力のもと、
東京大学高齢社会総合研究機構がとりまとめ書籍化したものです。

■鎌田　実【全体統括、第３章－１、第６章－３】

東京大学高齢社会総合研究機構　機構長、教授。１９８２年東京大学工学部機械工学科卒。１９９０年東京大学講師、91年助教授、２００２年教授。２００９年より現職。専門は機械工学、車両工学、福祉工学。自動車技術会理事、福祉のまちづくり学会理事。国交省、環境省などの審議会、委員会委員等多数。

■秋山　弘子【第３章－２】

東京大学高齢社会総合研究機構特任教授。イリノイ大学で博士号取得。米国国立老化研究機構（ＮＩＡ）フェロー、ミシガン大学研究教授、東京大学大学院人文社会系研究科（社会心理学）教授を経て、現職。日本学術会議会員。専門＝ジェロントロジー（老年学）。超高齢社会におけるよりよい生のあり方を追求。

■辻　哲夫【第４章－１】

東京大学高齢社会総合研究機構教授。１９７１年東京大学法学部卒業後、厚生省（当時）に入省。老人福祉課長、国民健康保険課長、大臣官房審議官（医療保険、健康政策担当）、官房長、保険局長、厚生労働事務次官等を経て、２００９年現職。厚生労働省在任中に医療制度改革に携わった。著書として、「日本の医療制度改革がめざすもの」（時事通信社）等がある。

■村嶋　幸代【第４章－２】

東京大学大学院医学系研究科地域看護学分野教授。１９７５年東京大学医学部保健学科卒業（看護師・保健師）、東京大学で博士号（保健学）取得。聖路加看護大学等をへて２００１年より現職。２００３年より健康科学・看護学専攻長。全国保健師教育機関協議会会長、日本地域看護学会理事長、日本公衆衛生学会・日本看護科学学会理事。専門＝地域看護学。高齢社会におけるよりよいケアシステムの構築をめざしている。

■伊福部　達【第4章-3】

東京大学先端科学技術研究センター特任教授。1971年北海道大学大学院修士課程（電子工学）修了。北大応用電気研究所・助手。助教授，米国スタンフォード大学客員助教授を経て，1989年北大・電子科学研究所教授。2002年東京大学先端科学技術研究センター教授。2009年より現職。専門は生体工学，福祉工学、音響工学。電子情報通信学会フェロー。北大名誉教授。東大名誉教授。

■大月　敏雄【第5章-1】

東京大学大学院工学系研究科建築学専攻准教授。1991年東京大学工学部建築学科卒。1997年横浜国立大学工学部建設学科助手、博士（工学）取得を経て、1999年東京理科大学工学部建築学科専任講師、2003年東京理科大学工学部建築学科助教授、2007年東京理科大学工学部建築学科准教授、2008年より現職。専門は建築計画、住宅計画、住宅地計画、ハウジング。

■牧野　篤【第5章-2】

東京大学大学院教育学研究科教授。専門は、社会教育学・生涯学習論、それに東アジアの教育。日本各地や中国・台湾のまちづくりとコミュニティ教育などをフィールドに、学生を連れてがやがやと出かけていっては、地元の人たちと交流しながら、調査を続けている。学びという営みが映し出す人々の生活に強い関心がある。

■樋口　範雄【第6章-1】

東京大学法学政治学研究科教授（英米法）。1974年東京大学法学部卒、学習院大学教授を経て、1992年から現職。著作に「はじめてのアメリカ法」「医療と法を考える（正・続）」など

■岩本　康志【第6章-2】

東京大学大学院経済学研究科・公共政策大学院教授。1984年京都大学経済学部卒、大阪大学助手、同講師、京都大学助教授、一橋大学教授を経て、2005年より現職。大阪大学経済学博士。オーストラリア国立大学豪日研究センター客員研究員、ボストン大学経済学部客員研究員、社会保障審議会臨時委員、統計委員会専門委員等を歴任。専門は公共経済学，マクロ経済学。

著者紹介

東京大学高齢社会総合研究機構は，超高齢社会の広範で複雑な課題を解決するために，医学，看護学，理学，工学，法学，経済学，社会学，心理学，倫理学，教育学などを包括する新しい学問体系を築き，高齢社会の諸課題解決の先導的な役割を果たすことを使命として，2009年4月に設立された．

世界最長寿国であるがゆえに他の国々に先駆けて顕在化している高齢社会の重要課題に対して全学的な知を結集して取り組み，いまだ形成期にある「ジェロントロジー学」を推進するとともに，エビデンス・ベースの政策・施策提言を行っていくことを目指している．

http://www.iog.u-tokyo.ac.jp

2030年　超高齢未来

2010年12月9日　発行

著　者　東京大学高齢社会総合研究機構
発行者　柴生田晴四
〒103-8345
発行所　東京都中央区日本橋本石町1-2-1　東洋経済新報社
電話　東洋経済コールセンター03(5605)7021
印刷・製本　リーブルテック

Printed in Japan　ISBN 978-4-492-22311-6　http://www.toyokeizai.net/